Otto
Betz

Märchen
als
Weggeleit

echter

Die Deutsche Bibliothek – CIP-Einheitsaufnahme

Betz, Otto:
Märchen als Weggeleit / Otto Betz. -
Würzburg : Echter, 1998
    ISBN 3-429-01986-9

© 1998 Echter Verlag Würzburg
Umschlag: Uwe Jonath (Bild: Alojz Klimo)
Gesamtherstellung: Echter Würzburg,
Fränkische Gesellschaftsdruckerei und Verlag GmbH
    ISBN 3-429-01986-9

Inhalt

Warum erzählen wir Geschichten?

»Fest der Erzählung, du bist des Lebensgeheimnisses Feierkleid, denn du stellst Zeitlosigkeit her für des Volkes Sinne und beschwörst den Mythus, daß er sich abspiele in genauer Gegenwart!«, so heißt es in Thomas Manns Josephsroman. Wenn wir auch die Märchen mit der Formel beginnen: »Es war einmal«, meinen wir doch immer das Heute, den jetzigen Zeitpunkt. Mögen die Geschichten auch von weit herkommen, sie münden ins Gegenwärtige. Was gewesen ist, erschließt mir das Heute und geleitet mich ins Künftige.

»Erzähl mir deine Geschichte!«, so fordern wir uns manchmal gegenseitig auf. Aber wie schwer ist es, seine eigenen Erfahrungen in gesprochenen Worten unterzubringen, ist uns doch die eigene Lebensgeschichte rätselhaft und undurchschaubar. »Was kann ich für meine Seele tun, die wie ein ungelöstes Rätsel in mir wohnt?«, so drückt es in Musils Roman »Mann ohne Eigenschaften« eine Gestalt aus. Vielleicht müssen wir viele Geschichten hören und lesen, Mythen und Märchen, Fabeln und Legenden, damit uns die eigene Lebensgeschichte plausibler wird und wir sie – uns selbst und anderen – mitteilen können.

Und so sind wir denn unser ganzes Leben lang auf der Suche nach Geschichten und lauschen den Erzählern aus allen Provinzen der Erde, lassen uns in das faszinierende Gewebe des Erzählgarns einspinnen, weil wir merken: hier geht es nicht nur um Unterhaltung oder gar um »Zeitvertreib«, wir bekommen vielmehr Anteil am Weisheitsschatz der Menschheit. Und unsere Welt, die uns anzieht und gleichzeitig erschreckt, die uns vertraut ist und fremd, die uns birgt und dennoch ängstigt ... wir verstehen sie plötzlich besser. Lassen wir uns auf die Märchen ein, dann werden wir mit dem Schicksal vieler Menchen vertraut gemacht, mit ihren Sehnsüchten und Hoffnungen, mit ihren Siegen und Niederlagen, und immer wieder mit ihren langen Wanderungen, ihren Suchbewegungen, Wandlungen und ihrer Zielgestalt.

Natürlich haben wir als Kinder die Märchen geliebt; aber erst als Erwachsene erkennen wir staunend die Hintergründigkeit dieser Geschichten, welche tiefen Einsichten sie enthalten, wie reich ihre verborgene Botschaft ist. Und das Merkwürdige ist: Auch wenn eine Geschichte aus Afrika stammt oder aus Rußland, aus dem alten Amerika oder aus Indien, immer antwortet etwas aus unserem Inneren, immer ist eine spontane Verstehensbereitschaft da. Wir werden von dem Schicksal eines Menschen erreicht, ob dieser Mensch nun eine schwarze oder weiße Hautfarbe hatte, ob er einer vertrauten oder einen fremden Kultur angehört, spielt keine Rolle; selbst die Frage, welcher Glaube ihn beseelt, hat wenig Bedeutung. Die Märchen sind die besten Botschafter ihrer Herkunftsländer, sie sind die wahren Brückenbauer und Dolmetscher zwischen den Kulturen.

Die Märchen sind nicht harmlos, weil diese Welt nicht harmlos ist. Wir durchlaufen Phasen der Verfinsterung und der Helligkeit, werden mit dem Tod konfrontiert, um die Kostbarkeit des Lebens zu erfahren, müssen Einsamkeit erleiden, damit wir auch das Geschenk der Begegnung und der Liebe würdigen können.

Dieses Buch will einige Aspekte der Märchenwelt sichtbar machen, die einzelnen Kapitel, zu verschiedenen Zeiten entstanden und hier zusammengefügt, wollen als Versuch verstanden werden, die Märchen als die »kundigen Begleiter« unseres Lebens zu verstehen. Und die Märchen, die zwischen den Kapiteln stehen, sollen veranschaulichen, wie hintergründig diese Geschichten sind, wie köstlich ihre Bildersprache, wie geheimnisvoll ihre Botschaft.

»Die großen Lebensprobleme sind nie auf immer gelöst«, sagt Carl Gustav Jung. »Sind sie es einmal anscheinend, so ist es immer ein Verlust. Ihr Sinn und Zweck scheint nicht in ihrer Lösung zu liegen, sondern darin, daß wir unablässig an ihnen arbeiten. Das allein bewahrt uns vor Verdummung und Versteinerung.«

Vom geheimnisvollen Weg
des Menschen

Ein Mensch, der nicht mehr träumen kann, ist wie ein Vogel, der das Fliegen verlernt hat, oder wie ein Fisch, der nicht mehr schwimmen kann. Wir leben nicht nur in unserer Alltagswelt, sondern bauen uns viele andere Welten, greifen zurück und zaubern das Vergangene ins Heute, greifen voraus und träumen das Künftige vorweg. Aber diese schöpferischen Träume können nur aufsteigen, wenn sich in uns die Gabe der Phantasie entfaltet hat. In das Erdreich unserer Seele sind viele Samenkörner gesät – was wird davon aufgehen und wachsen können? Sie müssen hervorgelockt und gefördert werden, damit das Leben reich wird. Es ist gut, daß wir Sehnsüchte haben und daß wir mit uns und unseren Möglichkeiten experimentieren.

Aber wir brauchen dazu Helfer, die uns beistehen und das spurenhaft in uns Angelegte aufwecken und zur Entfaltung bringen. Von unvergleichlicher Wirkung sind dabei die Geschichten, Erzählungen, Sagen, Fabeln; die allergrößte Bedeutung aber haben die Märchen. Sie geben den Traumkräften in uns Nahrung, so daß wir ermutigt werden, unser Leben als Chance zu erkennen, als einen abenteuerlichen Weg, der auch zu einem glücklichen Ziel führen kann. Sind wir nicht unser Leben lang auf der Suche nach Geschichten, die uns Schlüssel geben für die Welt und für das Dasein? Wir erzählen uns gegenseitig Geschichten, weil wir uns nicht mit der Welt, wie wir sie vorfinden, abfinden können. Es muß doch noch verborgene Geheimnisse geben, die es zu entdecken gilt, damit sich alles wandeln kann.

I.

Unsere Gegenwart ist von einem aufgeklärten Geist und einem nüchtern-rationalen Denken geprägt. Und dennoch stoßen auch die heutigen Menschen immer wieder an die

Grenzen des Machbaren und Beweisbaren. Unsere Welt hört nicht beim Sichtbaren auf, vor allem die Kinder und Jugendlichen fragen weiter, ihre Gemüter sehnen sich »nach dem Wunderbaren und Übernatürlichen«, wie schon Friedrich Schleiermacher 1799 erkannte. »Eine geheime unverstandene Ahnung treibt sie über den Reichtum dieser Welt hinaus; daher ist ihnen jede Spur einer andern sehr willkommen.«[1] Aber es geht dabei nicht um wildwuchernde Phantastik, um eine Flucht in ein erträumtes Ersatzland, als sollte die hiesige Wirklichkeit schlechtgemacht werden. Kinder haben noch eine Witterung für das »Ganze«, sie lassen sich nicht mit einem Teilbereich abspeisen, sie wollen das Oben und das Unten verbunden wissen, das Hier und das Dort, das Sichtbare und das Unsichtbare, das direkt Erfahrene und das Geahnte, Welt und Überwelt.

Eine Urgefahr des Menschen besteht darin, daß er sich zu schnell mit dem abfindet, was er vor Augen hat, daß er es bleiben läßt, weiterzufragen und weiterzudenken, vor allem aber weiterzuträumen. Wenn nur noch die Oberfläche wahrgenommen wird, sterben die Träume. Aber unsere Kinder haben die herrliche Gabe der Phantasie mitbekommen, die alles beleben kann und das noch Unerschienene hervorlockt. Wie sehr kommt es darauf an, sie mit einer »Ahnung höheren Lebens« zu erfüllen, wie Charlotte Bühler gesagt hat.[2]

Kinder sind fragende Wesen. Durch ihre Fragen tasten sie sich in die unbekannte und oft genug ängstigende Welt hinein. In einer ungeordneten und unverstandenen Welt kann man nicht leben, Mißtrauen und Unsicherheit wären die Folgen. Hinter all den vielen Fragen steht – mehr oder weniger ausdrücklich: »Kann ich mich auf dich verlassen? Was weißt du von der Welt? Kannst du mich in die Welt einführen? Lohnt es sich, in dieser Welt zu leben? Wo kommt alles her, und wo führt alles hin? Was ist der Sinn von all dem?«

Nun wissen wir ja: Kinder können mehr Fragen stellen als Antworten aufnehmen. An theoretischen Abhandlungen und Beweisführungen sind sie schon gar nicht interessiert. Aber sie sind hungrig nach Geschichten. Und die Märchen haben mehr Antwortkraft als unsere schwachen Worte. Sie kommen aus einer längst vergangenen Zeit, aber was da erzählt wird und ›irgendwann einmal‹ geschehen sein soll, es ereignet sich immer wieder. Die urtümlichen Bilder, die allen Märchen zugrunde liegen, veralten nicht; immer wieder neu erweisen sie sich als gültig. ›Was ich dir heute erzähle, geschah zwar vor langer, langer Zeit, aber paß auf, morgen wirst du es auch erleben.‹

Edgar Dacqué nannte die Märchen »hellseherische Erzählungen«[3], weil sie aus unbewußten Erlebnisabläufen entstanden seien. Der innere Mensch bleibt nicht gebannt in eine festgefügte und unabänderliche Wirklichkeit, sondern wird »in ein freieres Reich« gerettet. – Was ist es aber, was den Märchen diese Kraft schenkt? Sie geben uns zu erkennen, daß alles in der Welt belebt ist, alles ist voller Anfangskraft und voller Möglichkeiten. Und weil alles noch unterwegs ist, auf der Suche nach seiner wahren Gestalt, deshalb wartet auch alles noch auf seine wahre Befreiung. Nichts muß bleiben, was es gegenwärtig ist, überall kündigt sich das Kommende an. Deshalb kann man die Märchen ›Hoffnungsgeschichten‹ nennen.

II.

Novalis, der eine besonders innige Beziehung zum Märchen hatte, schon bevor die Brüder Grimm mit ihrer Sammeltätigkeit begannen, notierte sich einmal, alle Märchen seien Träume von der heimatlichen Welt. Er ahnte eine »absolute, wunderbare Synthesis«, eine »Achse des Märchens«, also wohl ein Sich-Zusammenfügen des Ganzen unserer Welt. Sie werben um Vertrauen zum Dasein, weil sie seinen Sinn ahnen lassen: Vertrau dich diesem Leben an, verliere nicht gleich die Geduld, wenn die Dinge nicht so laufen, wie du sie dir gewünscht hast. Laß dir helfen, und sei gewiß, daß du am Ende zum Ziel kommst und freundlich empfangen wirst. – Übrigens hat Novalis auch schon die Ähnlichkeit beobachtet, die in der Bildersprache der Bibel und der Märchen liegt. »Höchst sonderbar ist die Ähnlichkeit unserer heiligen Geschichte mit Märchen.«[4] Wenn wir diese innere Verwandtschaft nicht mehr so deutlich wahrnehmen, dann liegt das vielleicht daran, daß wir nicht mehr so unmittelbar die Ausdrucksweise der Bildsprache verstehen. Quelle und lebendiges Wasser, Weg und Dornenhecke, Baum und Blüte, zugesperrter Turm und aufgeschlossenes Tor, was wecken sie für Empfindungen, was sagen sie uns über unser Dasein ...

Märchen lassen sich nicht in ›weltliche‹ und ›religiöse‹ untergliedern. Alle sind sie ›weltlich‹, weil sie auf das Leben in der Welt vorbereiten, weil sie die Chancen und Gefahren benennen und uns Gestalten vorführen, die sich verlieren und sich finden, die versagen und sich bewähren, die aber schließlich ihre unverwechselbare Eigenart bekommen und ihren Ort erreichen. Aber viele Märchen haben auch ihre ›religiöse Dimension‹. Das ausdrücklich Religiöse spielt im Märchen allerdings eine geringe Rolle. Die Kirche, der Pfarrer, der Gottesdienst usw. kommen nur am Rande vor, manchmal sind sie nur folkloristische Zutat, oder sie werden sogar ironisiert. Häufiger schon taucht das Gebet auf, dann nämlich, wenn einer am Ende mit seinen eigenen Kräften ist und nur noch auf Gott vertrauen kann. Aber die eigentliche Märchenfrömmigkeit ist eine eher verkappte Religiosität, sie äußert sich als innere Aufgeschlossenheit, als Offenheit für das Gebot der Stunde. Wer hilfsbereit ist, dem kann auch geholfen werden, wer vertraut, dem wird auch Kraft zum Durchstehen geschenkt.

In vielen Märchen kommen hilfreiche und rettende Wesen vor, eine alte weise Frau, der kundige und gütige alte Mann, aber auch sprechende Tiere oder eine geheimnisvolle Blume. Kein Märchen sagt etwas darüber, wer eigentlich diese Helfer sind, wer sie schickt oder wohin sie wieder verschwinden. Genug, daß sie auftauchen, wenn die Not am größten ist, genug, daß man sich auf sie verlassen kann und sie einem wirklich beistehen. Gott wird selten genannt, aber er scheint vorausgesetzt zu sein, er läßt seine Nähe und gnädige Wirksamkeit erahnen, auch wenn sein Name nicht ausgesprochen wird. Es gibt im Märchen einen immanenten Glauben, der sich nicht bekenntnismäßig ausdrückt, sondern sich nur in den Handlungen und Gestalten verschlüsselt zu erkennen gibt.[5]

III.

Erwachsene Märchenleser wundern sich, wie häufig in den Geschichten Könige und Prinzen vorkommen. Selbst die Müllerstochter und der Hirtenbub können am Ende noch Königskinder heiraten und einen Thron besteigen. Es mag sein, daß man darüber lächelt und darin illusionäre Wunschbilder vermutet. Aber ich glaube, daß sich darin etwas anderes ausspricht. Der König, das ist zunächst einmal ein Bild für den zum Ziel gekommenen Menschen: Wir haben alle eine ›königliche Berufung‹, in uns ist etwas angelegt, das sich entfalten soll, damit wir zu einer ›herrscherlichen Würde‹ gelangen. Die Bilder von der königlichen Hochzeit, vom Antritt eines großen Erbes, von der Inthronisation usw., das sind zunächst einmal symbolische Aussagen über die Menschwerdung des Menschen. Theologisch ausgedrückt, könnte man sagen, hier wird etwas vom Geheimnis der Gottebenbildlichkeit des Menschen sichtbar.

Aber es wird ja nicht jede Märchengestalt Königin und König, es gibt auch Versager und Bösewichter. Nun ist es auffällig, daß in den meisten Fällen nicht der strahlende Held, der unangefochtene Sieger zum Ziel gelangt. Gerade die Angesehenen und Erfolgreichen, die mit Vorschußlorbeeren überschüttet werden und von denen man so viel erwartet, sie scheitern letztlich, weil sie hochmütig sind und egozentrisch nur ihre eigenen Interessen verfolgen. Aber der Träumer, der als Dümmling verschrien ist und über den alle lachen, der löst die Aufgaben und steht zuletzt als der eigentlich Große da. Warum werden die Erwartungen auf den Kopf gestellt? Nun, der ›Dumme‹ hat zunächst einmal eine wichtige Eigenschaft: er kennt seine Grenzen, überschätzt sich nicht und weiß, daß er alleine das große Werk nicht schaffen kann. Ein Zweites ist noch wichtiger: Er hat Intuition und Einfühlungsgabe. Auf seine rationale Tüchtigkeit kann er nicht vertrauen, aber er hat eine instinktive Verbindung zum Unbewußten behalten. In vielen Märchen wird erzählt, daß er Einsichten im Traum gewinnt und daß er auf die magischen Helfergestalten hört, die ihm auch die entscheidenden Gaben verleihen. Wer also nicht vom Panzer der Ichverfangenheit umgeben ist, sondern die Not anderer wahrnimmt, der

Menschen wie der Tiere, wer zu helfen bereit ist, der hat die entscheidende Probe bestanden und dem öffnen sich auch die Türen in das Reich des Geheimnishaften.

Die entscheidende Botschaft der Märchen ist: Sei zuversichtlich und hab Vertrauen. Auch wenn es dir jetzt schlechtgeht und du ausgelacht wirst, laß dich nicht ins Bockshorn jagen, deine Stunde kommt bestimmt. Wenn du dich bewährst, wirst du das Ziel erreichen, die schwierigen Aufgaben lösen, die verzauberte Königstochter befreien und selbst König werden. – Dieses Seinsvertrauen ist vielleicht der deutlichste Hinweis auf den nicht ausdrücklich genannten Gott, es bleibt eine Chiffrensprache, aber man möchte mit der Bibel sagen: Wer Ohren hat, der höre, wer Augen hat, der schaue.

Aber es ist nun nicht etwa so, als würde im Märchen immer nur vom blinden Vertrauen geredet und als wäre es ein leichter Weg, den der Märchenheld zu gehen hätte. Wo sich Chancen auftun, da kommen auch Gefahren herauf. Von menschenfressenden Riesen wird erzählt, von Untieren, die einem das Mark erstarren lassen, von dunklen Zaubermächten, gegen die kein Kraut gewachsen zu sein scheint. Und die Heldin muß Schmerzen erdulden und sich im Schweigen üben, der Held wird gequält und mit dem Tode bedroht. Das Märchen weiß: Es gibt die dunklen Mächte, in der Welt und im Menschen. Es weiß aber auch: Welt und Mensch sind erlösungsbedürftig und erlösungsfähig. Die Finsternis hat nicht das letzte Wort, irgendwann setzt sich das Licht durch. Der Haß herrscht nicht bis zum Schluß, irgendwann erweist sich die Liebe als mächtiger. Letztlich sind nicht Kraft und Kühnheit die Bewirker der Erlösung, sondern Hingabe, Geduld und Liebe. Dadurch kommen die Märchenhelden zum Ziel, wird ihnen Gelingen geschenkt und werden sie zu Rettern für die anderen.

Es kann und soll hier nicht auf Theorien eingegangen werden, auf welche Weise denn die Märchen entstanden sind; damit müssen sich die Wissenschaftler befassen. Wenigstens hinweisen sollten wir auf neuere Forschungen, die einen deutlichen Zusammenhang zwischen dem Schamanismus und den Bildern vieler Märchen sehen. Der Schamane gilt bei vielen Naturvölkern (vor allem Asiens und Amerikas) als

Mittler zwischen Mensch und Jenseits. In seinen ekstatischen Zuständen kann er jenseitige Sphären durchreisen, und er kommt als Kundiger und Heilkräftiger wieder zurück. Die Kranken kann er wieder zur Heilung führen, und die Toten geleitet er ins Jenseits. In einer komplizierten Initiation wird der Schamane auf seine Aufgabe vorbereitet, dabei muß er auch die Sprache der Tiere lernen. »Die Sprache der Tiere, an erster Stelle die der Vögel, zu erlernen, heißt überall auf der Welt die Geheimnisse der Natur kennen und damit auch prophezeien können. Die Sprache der Vögel lernt man im allgemeinen, indem man von der Schlange oder einem anderen als magisch geltenden Tier ißt ... Ihre Sprache lernen, ihre Stimme nachahmen bedeutet mit dem Jenseits und dem Himmel in Verbindung treten können.«[6] Eine Fülle von Märchen bekommt in diesem Zusammenhang plötzlich einen neuen Bedeutungshorizont. Die kosmischen Fahrten zu Sonne, Mond und Sternen, der Abstieg in untere Reiche ebenso wie der Aufstieg zu gläsernen Bergen und riesigen Bäumen und viele andere Zentralmotive bekannter Märchen lassen sich neu verstehen.[7] – Aber diese wenigen Hinweise mögen genügen. Auch im Märchen ist derjenige, der im ›anderen Bereich‹ gewesen ist und Schwellenerfahrungen gemacht hat, ein Gewandelter geworden. Er ist nun zum Retter berufen, wurde heilkundig oder kann auf andere Weise einen Dienst an den Menschen erweisen.

IV.

Das eigentliche Schlüsselbild zahlloser Märchen, insofern Wandlungs- und Reifungsgeschichten erzählt werden, ist das Bild des Weges. Der Held oder die Heldin müssen eine Reise machen, Abenteuer erleben, sich bewähren, damit sie dadurch zu Mündigkeit und Reife gelangen und ihren Platz in der Welt finden und die ihnen zugewiesene Aufgabe erfüllen können. Die Fremde muß ausgehalten, Entbehrung durchgestanden und die große Tat vollbracht werden. ›Sinn‹ läßt sich nicht finden, wenn man sich nicht wandernd und reisend in die Welt begibt, unser Wort ›Sinn‹ hängt nämlich – von seiner indogermanischen Wurzel her – mit Richtung,

Reise, Weg zusammen. Deshalb nennt Wolfdietrich Siegmund die Märchen auch »Weggeschichten, Wander-, Such-
und Sinngeschichten, Abenteuergeschichten, Komm-mit-
Geschichten, Seelenreisen, Schulungswege«.[8] Es ist sicher
unmittelbar einsichtig, daß die menschliche Reifung und die
religiöse Entscheidung untrennbar zusammen gesehen werden müssen, man kann sie nicht völlig unabhängig vonein-
ander betrachten.

In einem italienischen Märchen ist der Held auf der Suche
nach der Sonne, die er befragen möchte. Nach langem er-
gebnislosen Herumirren hofft er schließlich, bei einem Einsiedler die nötige Auskunft zu bekommen, wie er zur Sonne
gelangen kann. »Könntet Ihr mir sagen, wo die Sonne auf-
geht?« Aber der Einsiedler kann ihn auch nur weiterverwei-
sen: »Ach, mein Sohn, heute abend kannst du hier schlafen,
und morgen früh schicke ich dich zu einem anderen Einsiedler, der ist viel älter als ich.« So wird er noch zweimal
weitergeschickt. Der dritte steinalte Einsiedler sagt ihm:
»Ach, mein Sohn ... Doch vielleicht kommst du wirklich hin.
Hör zu: nimm diese Nadel und wandere weiter. Wenn du
einen Löwen brüllen hörst, rufst du: ›Gevatter Löwe, Euer
Gevatter Einsiedler läßt euch grüßen und Euch diese Nadel
schicken, damit ich Euch den Dorn aus der Pranke ziehen
kann. Zum Dank sollt Ihr mich mit der Sonne sprechen lassen.‹«[9]

Es sind also bei einer solchen Suchwanderung viele Stationen zu durchlaufen. Immer wieder neu muß er sich auf den
Weg machen, aber allmählich kommt er seinem ersehnten
Ziel näher. Das Geheimnis liegt nicht offen vor aller Augen
und ist nicht jedem Zugriff zugänglich. Die Mühsale der
Reise sind wichtig, andere müssen einem die Wege weisen,
wohl dem, der einen Weggefährten hat.

Versuchen wir einmal, einige der charakteristischen *Stationen* einer Suchwanderung zu kennzeichnen, ohne damit ein
Schema aufzustellen, das immer beibehalten würde.

1. Abschied, Abreise

Wer sich auf die Reise begibt, der muß zwar vorher den
Schutz eines bergenden Nestes erfahren haben, aber er darf

nicht darin bleiben. Die Geborgenheit der Heimat und der Familie muß zurückgelassen werden, sonst verkümmern die im Menschen angelegten Fähigkeiten. – Oft wird die Abreise durch den Tod oder die Krankheit eines Elternteiles ausgelöst, oder es zwingt die Not dazu, sich in die Welt zu wagen. Manchmal werden die Kinder auch regelrecht ausgesandt, um sich zu bewähren und bei der Heimkehr unter Beweis zu stellen, was sie draußen gelernt haben. Der Tüchtigste soll dann der Erbe werden.

2. Begegnung mit der gefährlichen Welt

Schnell erleben die Ausziehenden, daß es verwirrend viele Wege gibt und immerzu Entscheidungen getroffen werden müssen. In fremden Städten wohnen gleichgültige oder feindlich gesinnte Menschen, die einen ausnützen wollen. Gasthäuser verlocken dazu, sich schnell wieder eine ersatzhafte Heimat zu besorgen. Vor allem aber erschrecken die dunklen Wälder mit ihren wilden Tieren, macht die Ungeborgenheit Angst. Bei den Zwei-Brüder-Märchen kehrt manchmal der eine wieder um, er sucht die heimatliche Nestwärme, während der andere sich der Herausforderung stellt und den Schritt ins Unbekannte wagt.

3. Erste Bewährung

Nun erweist es sich, ob der jugendliche Held offene Sinne und ein fühlendes Herz hat: er wird mit der Not eines Menschen oder mit dem Leid eines Tieres konfrontiert. Wer nichts an sich heranläßt und in sich eingekapselt ist, der gelangt nicht weit, er geht in die Irre oder verstrickt sich in ein Lotterleben. Wer sich aber bewährt, für den öffnen sich die Tore in die Welt. Kein Mensch ist nur für sich und um seinetwillen da. Wir sind aufeinander angewiesen, unsere Schicksale sind miteinander verflochten. Menschliches Leben ist nur zu bewältigen, wenn einer für den anderen eintritt und ein Band geknüpft wird.

4. Ohnmacht und Krise

Aber irgendwann erlebt auch der Mutigste, daß er überfordert wird und das Ziel nicht erreichen, die Aufgabe nicht lösen kann. Meist wird dann geschildert, daß der Märchenheld sich ratlos irgendwo hinsetzt und jämmerlich weint. Offenbar gehört es zu den wichtigsten Erfahrungen, sich machtlos und ohne Kraft zu erleben, um von seinem eigenen Übermut und der Überschätzung der eigenen Fähigkeiten befreit zu werden.

5. Der Helfer

Gerade in einer Grenzsituation, wenn der Held von seinen eigenen Kräften verlassen ist, kann sich ein geheimnisvolles Wesen als Helfer einstellen. Der Einsiedler gibt Hilfestellung, ein Tier kann sprechen und weiß die verborgenen Zusammenhänge. Manchmal wird einem Wandernden in seiner Krise auch eine Weisung im Traum zuteil. Auf jeden Fall ändert sich nun sein Schicksal, der Tiefpunkt ist durchschritten, geheimnisvolle Gaben helfen jetzt und geben neue Kraft und neuen Mut. – In einigen nubischen Märchen sind es Engel, die Mensch werden und als Helfer in das Schicksal eines Menschen eingreifen. Nach einem anderen Märchenmotiv, das sich in vielen Erzähltraditionen findet, ist es ein dankbarer Toter, dem der Märchenheld zu einem Begräbnis verholfen hat und der ihn nun auf seiner Reise begleiten darf, um ihm beizustehen.

6. Die rettende Tat

Die eigentliche Bewährung des Helden steht noch aus: Er muß sich der Gefahr stellen, z. B. mit einem Drachen kämpfen oder sich in den Machtbereich eines Riesen wagen. Oft ist das mit einer entbehrungsreichen Reise verbunden, er muß sich durch Wüsten und Sümpfe schlagen, muß drei Nächte schweigend und ohne Gegenwehr sich alle Quälereien gefallen lassen. Der Bärenhäuter darf sich die Haare und den Bart nicht schneiden und sich nicht einmal waschen, bis die Zeit gekommen ist. Das Mädchen, das seine

Brüder erlösen will, muß lange Schweigephasen durchstehen und Hemden aus Sternenblumen fertigen. Wenn aber alles ausgestanden ist, kann sich das Leben ändern. Das verzauberte Schloß ist erlöst, die Menschen bekommen ihre wahre Gestalt zurück, das Versteinerte wird wieder lebendig, die Getrennten finden sich wieder.

7. Der Zielhorizont: Hochzeit – Fest – Thronbesteigung

Das Schlußbild zahlloser Märchen stellt uns eine prächtige Hochzeit vor Augen: Mann und Frau haben sich endlich gefunden; es ist Zeit, ein Fest zu feiern. Die Gefahren sind bestanden, der Schatz gehoben, es geht ein Aufatmen durch die Reihen, auch beim Hörer der Geschichte läßt die Spannung nach. – Es wäre sicher ganz falsch, diesen tröstlichen und versöhnlichen Schluß als romantische Verbrämung der grausamen Wirklichkeit anzusehen, die ja nicht immer einen glücklichen Ausgang anzubieten hat. Das Märchen hat gleichsam eine Verheißung, eine Kunde der Hoffnung: Die Menschen sind auf dem Weg zueinander, sind füreinander bestimmt. Einer kann dem anderen Beistand und Helfer werden. Am Schluß steht ein tröstliches Bild vom Heilwerden und vom Glücklichsein.

V.

Treue ist ein Lieblingsmotiv vieler Märchen. Oft werden die Liebenden getrennt, und einer ›vergißt‹ seine Liebe, z.B. deshalb, weil er ein Verbot übertritt und seine Mutter küßt. Nun kommt alles darauf an, daß der andere die Verbundenheit nicht abreißen läßt und alles daransetzt, das brüchig gewordene Band wieder fest zu knüpfen.

Wenn der Held Gefährten findet, die zu ihm stehen, und wenn er sie so einsetzen kann, wie es ihren besonderen Fähigkeiten entspricht, dann sind sie so stark, daß niemand gegen sie aufkommen kann. Dann kommen »Sechse durch die ganze Welt«, weil in jeder Situation einer da ist, der sich solidarisch für die ganze Gemeinschaft einsetzt.

Im Märchen »Fundevogel« wird erzählt, daß sich zwei zu

inniger Freundschaft und Liebe gefunden haben. Und weil sie füreinander eintreten, gelingt ihnen die lebensrettende Flucht. »Verläßt du mich nicht, so verlaß ich dich auch nicht«, ist das heilige Kennwort dieses Bundes. Immer wieder müssen sie sich ihrer Verbundenheit innewerden, müssen sie sich ihrer Liebe vergewissern. »Wenn du mich hältst, dann halt' ich dich auch. Wenn du zu mir stehst, dann kann uns keiner überwinden.«

Bei vielen Märchen fallen einem biblische Geschichten und alt- und neutestamentliche Worte ein. Wir wollen diese Nähe und innere Verwandtschaft nicht überbetonen, der Hinweis soll genügen. Im Märchen werden auf jeden Fall die Phasen menschlicher Entwicklung, die charakteristischen Grundkonflikte, die Gefahren und möglichen Lösungsformen durchbuchstabiert. Und weil wir Märchen aus praktisch allen Kulturen und Traditionen kennen, haben wir die Möglichkeit, die Ähnlichkeit der Reifungsprozesse zu beobachten, auch die Parallelität der elementaren Hoffnungen überall auf der Welt zu konstatieren.

Diese gemeinsamen Grunderwartungen und Ursehnsüchte sind eine Basis, auf der sich Menschen aller Sprachen und Religionen treffen können. Die Märchen gehen allen Religionen gewissermaßen voraus, sie bereiten einen Boden, der vielleicht auch ein neues Verständnis der Menschen füreinander möglich macht.

VI.

Es ist für den Menschen eine besonders bedrückende Erfahrung, wenn er den Eindruck bekommt, daß er unbegreiflichen Mächten ausgeliefert ist und daß es gegen diese anonymen Schicksalskräfte kein Mittel gibt, sich zu behaupten. Alles scheint schon vorbestimmt und festgelegt, ein Aufbegehren dagegen ist nutzlos und zum Scheitern verurteilt. So breitet sich eine Resignation aus, eine Müdigkeit, weil sich der Mensch als machtlos erfährt. Einer hat ›Glück‹ gehabt, er ist von den Schicksalsmächten gut ausgestattet und kann nun unangefochten seinen Weg gehen, ein anderer aber ist zu kurz gekommen und muß jetzt seine Tage als ›Pechvogel‹

zubringen, aber aus dem Unglückskreislauf gibt es kein Entrinnen.

In der Antike sprachen die Menschen von den göttlichen Spinnerinnen, den Schicksalsfrauen, die jedem Neugeborenen seinen Schicksalsfaden zuspinnen. Gegen die Moiren, wie diese Spinnerinnen bei den Griechen hießen (die Römer nannten sie Parzen, die Germanen Nornen), gibt es keine höhere Instanz, man muß den zugesponnenen Faden akzeptieren, ob man will oder nicht.

Heute werden wir eher von den genetischen Faktoren sprechen, den Erbanlagen eines Menschen, die sein Schicksal mitbestimmen. Oder wir werden auf die formende Kraft eines Milieus hinweisen, weil sich dort Charakter und Grundausstattung einer Person formen. Andere werden auf den Sternenstand in der Geburtsstunde achten und sich mühen, durch ein Horoskop Auskunft zu bekommen, warum ein Schicksal so und nicht anders abläuft. – Auf jeden Fall macht es uns heutigen Menschen nicht weniger Schwierigkeiten, eine wirkliche Entscheidungsfreiheit des einzelnen anzunehmen als dem Menschen der Antike.

Nun scheint es mir tröstlich, daß es viele Märchen gibt, die davon erzählen, wie es Menschen gelingt, aus dem Zauberkreis eines Unheilsschicksals herauszukommen. Manche Märchen aus dem Mittelmeerraum berichten auch heute noch von den Moiren, den Schicksalsfrauen. Aber manchmal gelingt es, den abgerissenen Lebensfaden doch wieder neu anzuknoten, es gelingt, die Spinnerinnen zu einer Revision ihres Spruchs zu bewegen. Allerdings: Nur die Liebe kann das erreichen, ein Mensch muß opferbereit sein und von seinem eigenen Lebensfaden dem anderen abgeben. – Entscheidend aber ist, daß man nicht mehr dem Schicksal ausgeliefert ist und tatenlos allem zustimmen muß. Leicht ist es allerdings nicht, weite Wege sind zu gehen, die Moira muß dafür gewonnen werden, ein gewandeltes Schicksal zuzulassen. Und letztlich kommt es doch auf den einzelnen an, ob er die neuen Bedingungen nutzt und einen Wandel heraufführt. Er muß es in die Hand nehmen und mit Wagemut und Ausdauer seine Chance nutzen. Das neue Geschick wird niemandem nachgeworfen, wer aber mutig ist, greift dem Schicksalsrad in die Speichen und korrigiert den schein-

bar festliegenden Kurs, und so gewinnt er sein eigenes Dasein.

In einem persischen Märchen ist es sogar Gott selbst, der
›das Zeichen auf der Stirn‹, die Schicksalsbestimmung, verändert, um das Unglückslos dieses Mannes zu wenden und
ihm Glück zukommen zu lassen.

VII.

Die Märchen haben zunächst einmal einen durchaus ›irdischen‹ Horizont, aber diese Welt, von der erzählt wird, ist
nicht zugesperrt und abgeschottet, sondern hat ihre Öffnun-
gen und Zugänge in andere Bereiche. Nicht jeder findet die
Tore und Höhleneingänge, aber wer dazu berufen ist, kann
in die Tiefen vorstoßen und geheimnisvolle Schätze finden
oder klettert bis in die höchsten Sphären und bringt von
dort Gaben mit, die nicht nur sein eigenes Leben verändern,
sondern auch seiner Umgebung Heil bringen.
Auf jeden Fall gehören zum irdisch-menschlichen Dasein
auch die Tiefen und Höhen und verborgene Zwischenwel-
ten. Die Ursehnsüchte nach der Überwindung von Not,
Krankheit und Tod lassen die Menschen immer wieder über
Grenzen schreiten. Die Früchte vom Lebensbaum sollen ge-
holt werden, ein Becher vom Wasser des Lebens könnte die
Todverfallenheit überwinden. Und manchmal wird einem
Menschen gewährt, daß er dem zeitlichen Nacheinander mit
seinem Zerstörungscharakter entkommt und er schon etwas
von der Zeitüberlegenheit der himmlischen Vollendung erfährt. Wenn er aber zurückkommt, taucht er wieder in die
verrinnende Zeit ein und kommt auch gleich an das Ende
seiner irdischen Zeit.
Die Welt erscheint im Märchen nicht als Schlaraffenland,
sondern als ein Ort, wo es Elend und Not gibt, wo sich
Menschen schuldig machen und untreu werden können.
Aber die Hoffnung auf eine Wende des Geschicks ist un-
überhörbar. Der Verzauberte kann wieder erlöst werden,
der Schuldig-Gewordene kann seine Schuld büßen oder
Vergebung erhalten. Den Hungrigen wird gesagt, daß es irgendwo ein Brot gibt, das nicht ausgehen wird, den Kran-

ken, daß irgendwo ein Kraut wächst, das Heilung bringen kann.

Martin Buber hat einmal von seiner Lebensarbeit gesagt: »Ich habe keine ›Lehre‹. Ich habe nur die Funktion, auf Wirklichkeiten hinzuzeigen.«[10] In gewisser Weise läßt sich diese Aussage auch vom Märchen machen. Die vielen Stränge der Märchenüberlieferung sind so vielfältig und differenziert, daß es sehr fragwürdig wäre, eine deutliche und übereinstimmende ›Lehre‹ herauszulesen. Aber es sind Kundtaten uralter Weisheit, Ahnungen vom geheimnisvollen Sinn des Daseins, es sind Hoffnungen und Sehnsüchte, die über die Welt hinausgreifen.

Zu einer ›Dogmatik‹ lassen sich die Traumbilder der Märchen nicht fügen, sie sperren sich gegen jeden systematischen Zugriff. Und trotzdem haben sie ihre Wirkung: sie dringen in uns Hörer ein, bewegen uns im Herzen, gehen uns nach und begleiten uns auf dem Weg. Wir können uns in ihnen wiederentdecken und tiefer verstehen lernen. Vor allem aber: sie halten uns offen, lassen die Hoffnungen nicht sterben, wecken unsere Zuversicht und schicken uns auf den Weg. Wir haben die Lebenskraft dieser Geschichten nötig, weil sie uns einen besseren Schlüssel zum Verständnis des Daseins anbieten als alle Begriffe und intellektuellen Deuteformeln.

Die Märchen sind keine Konkurrenz zur Bibel, im Gegenteil. Sie bereiten das Verständnis der Bibel vor, sie sind ein »adventlicher Vorhof der Offenbarung«, wie mein Lehrer Theoderich Kampmann gerne gesagt hat. Der Gott der Offenbarung wird sich im Märchen nicht finden lassen, aber vielleicht der ›verborgene Gott‹, der sich überall – wenn auch unter Chiffren – zu Wort melden kann.

Was also sind Märchen? Es sind Geschichten mit einer Kunde, einer Botschaft; aber diese Botschaft läßt sich nicht objektivieren und in eine Nachrichtensprache übersetzen. Jeder einzelne muß sie in sein Leben hineinnehmen und sie mit seinen Erfahrungen in einen Zusammenhang bringen. Dann erst fangen sie an zu leuchten und ihre geheime Kunde herzugeben. Das merkwürdige ist, es kann geschehen, daß ein altbekanntes Märchen plötzlich für mich eine neue Bedeutung bekommt, eine bisher unbekannte Seite wird wichtig und kann mir zum Schlüssel für meine Lebensprobleme werden.

Aber die Märchen sperren sich eigentlich gegen eine festlegende Deutung, sie wollen nicht analysiert und interpretiert werden, wir sollen auf sie hinhorchen und darauf achten, was sie alles in Schwingungen versetzen. Früher hat man gemeint, es gäbe ein ›Märchenalter‹ und dann ginge das seelische Wachstum weiter und das Interesse am Märchen wäre beendet. Ich glaube, das war ein Mißverständnis. Zunächst einmal: Über Jahrhunderte hin haben Erwachsene vor allem anderen Erwachsenen die Märchen erzählt, die Kinder waren dabei vielleicht nicht ausgeschlossen, aber sie waren nicht die eigentlichen Adressaten der Märchen. Und dann: Es gibt viele Märchen, die Kindern noch ganz unverständlich sind, weil es um Krisen und Probleme der Erwachsenen geht. Und schließlich: Gerade wir Erwachsenen haben die Märchen nötig, damit wir unsere Neigung zu einer verkopften Weltbetrachtung korrigieren und die herrlich hintergründige Bildsprache wieder zu verstehen lernen. Märchen sind auch eine Schule des Gefühls, eine Sprachschule für Zwischentöne. Und wir dürfen lernen, wie viele Wunder sich auch in unserer Welt jeden Tag noch ereignen. Wir brauchen nur die rechten Augen, um sie wahrzunehmen.

VIII.

Märchen sind Weggeschichten, sie künden uns, daß wir uns auf die Reise begeben müssen, sie begleiten uns aber auch auf dem Weg.

Märchen sind Sinngeschichten, aber sie bieten uns keine allgemeine Theorie von Sinn an, sondern machen Angebote, die uns befähigen sollen, selbst Sinnzusammenhänge zu erkennen.

Märchen sind Suchgeschichten, sie verlocken uns dazu, es den Märchenhelden gleichzutun und uns auf die Suche nach den verborgenen Schätzen zu begeben.

Märchen sind Tor- und Schwellengeschichten, die auf den Geheimnisgrund hinweisen, uns aber Mut machen, selbst die offenen Tore in unserem Leben zu erkennen, um nicht in einer zugemauerten Welt zu bleiben.

Märchen sind Bundesgeschichten, die davon erzählen, daß wir Menschen auf der Suche nacheinander sind, füreinander bestimmt und zur Freundschaft und Liebe berufen.

Märchen sind Deutegeschichten, die uns das Dunkel und das Licht in der Welt etwas verstehbarer machen, die den nötigen Kampf nicht verschweigen und den geheimen Zusammenhang hinter dem Rätselhaften jedenfalls ahnen lassen.

Märchen sind Vertrauensgeschichten, die uns anleiten, auch in dunklen Situationen nicht zu verzagen, sondern getrost und mutig den Weg weiterzugehen.

Märchen sind Hoffnungsgeschichten, die aus der stillschweigenden Zuversicht ihre Kraft beziehen, daß die Welt letztlich von einer unbegreiflichen Macht gehalten wird, des Gottes, der sie gewollt hat und nicht ins Chaos stürzen läßt.

Ein Buch ist zum Lesen da, aber hier beginnt auch schon wieder eine Problematik. Die Märchen sind ja mündliches Traditionsgut, eigentlich sollen sie nicht leise gelesen, sondern laut erzählt werden. Wahrscheinlich sind die meisten alten Erzähler Analphabeten gewesen. Ihr Märchenschatz hatte sich ihrem Gedächtnis eingeprägt, vom Hören waren sie zum Erzählen gekommen. – Heute sind wir Büchermenschen geworden, was dazu beigetragen hat, daß man den reichen Schatz mündlicher Überlieferung, der unterzugehen drohte, durch Aufzeichnung retten konnte[11]. Aber die aufgeschriebenen und gedruckten Märchen dürfen nicht Papier bleiben, sondern müssen durch die gesprochene Sprache wieder zum Leben erwachen, sie müssen Klang und Melos und Rhythmus bekommen, müssen durch das Mienenspiel des Erzählers und durch seine Gestik verleiblicht werden. Erst dann ist das Märchen in unsere Gegenwart und in die Zukunft gerettet, wenn das Märchengeschehen nicht etwas Vergangenes ist, »sondern etwas, das immer wieder geschieht – leibhaft und konkret, wenn es durch das Mittel der Sprache beschworen wird«[12].

Es ist immer wieder faszinierend, wie völlig anders ein Märchen wirkt, wenn es von einem guten Erzähler vorgetragen wird. Nun rauschen wirklich die Quellen, die Stille des verzauberten Schlosses umgibt uns, das Keifen der Hexe macht uns schaudern, die liebliche Stimme der Prinzessin bestrickt uns, mit dem Helden gehen wir durch die Höhen und Tiefen seiner Abenteuer.

Anmerkungen

[1] *Friedrich Schleiermacher,* Über die Religion, Göttingen ⁶1967, 107.
[2] *Charlotte Bühler/Josephine Bilz,* Das Märchen und die Phantasie des Kindes, München ³1971, 60.
[3] *Edgar Dacqué,* Das verlorene Paradies, Tübingen ³1952, 122.
[4] *Novalis,* Im Einverständnis mit dem Geheimnis, Freiburg i. Br. 1980, 85.
[5] Vgl. dazu *Jürgen Janning* (Hrsg.), Gott im Märchen, Kassel 1982. Für unsere Fragestellung sind vor allem die Beiträge von Günter Lange, Alfons Rosenberg, Franz Vonessen und Otto Betz von Bedeutung.
[6] *Mircea Eliade,* Schamanismus und archaische Ekstasetechnik, Frankfurt a. M. ³1982, 105.
[7] Vgl. *Heino Gehrts,* Schamanenweihe in einem niedersächsischen Volksmärchen, in: *Jürgen Janning* (Hrsg.), Vom Menschenbild im Märchen, Kassel 1980; *Otto Huth,* Der Glasberg, in: *J. Janning* (Hrsg.), Die Welt im Märchen, Kassel 1984.
[8] *Wolfdietrich Siegmund,* Ein Weg durch Märchen, Mythos, Wahngebilde, in: Antiker Mythos in unseren Märchen, Kassel 1984, 183.
[9] In die weite Welt verschlagen, in: *Italo Calvino,* Italienische Märchen, Zürich 1975, 430.
[10] *Martin Buber,* Gog und Magog, Frankfurt a. M. 1957, 235.
[11] Vgl. dazu *Rainer Wehse* (Hrsg.), Märchenerzähler – Erzählgemeinschaft, Kassel 1983.
[12] *Vilma Mönckeberg,* Das Märchen und unsere Welt, Düsseldorf 1972, 189.

Der Baum der Wundergaben

Ein junger Hirte lebte einmal mit seinen Schafen in einer einsamen Gegend. Als er mit seiner Herde über die Heide zog, sah er in der Ferne einen mächtigen Baum, der war so schön und hoch, wie er noch nie einen gesehen hatte. Lange mußte er ziehen, bis er ihn schließlich erreichte; staunend stand er davor und überlegte, ob er wohl bis zur Spitze des gewaltigen Baumes steigen könnte.

Und weil er ein mutiger Bursche war, fing er auch gleich an, von Ast zu Ast hinaufzuklettern, immer höher und höher, bis er die Erde schon fast nicht mehr sah. Neun Tage war er schon geklettert, da kam er in ein Land mit Feldern, Häusern und Palästen. Und alles, was er dort fand, das war aus Kupfer, die Bäume waren aus Kupfer, die Häuser waren aus Kupfer, selbst die Quelle, die aus der Erde sprudelte, war aus flüssigem Kupfer. Das Plätschern dieser Quelle war der einzige Laut, den er hören konnte, sonst war alles totenstill. Der Hirtenjunge brach sich einen Zweig ab vom kupfernen Baum, und weil seine Füße vom langen Steigen müde geworden waren; badete er sie in der Quelle. Als er sie aber wieder herauszog, waren sie von blinkendem Kupfer überzogen.

Nun kletterte er weiter den Baum hinauf, immer noch war die Spitze nicht zu erblicken. Nach weiteren neun Tagen kam er in ein Land, da bestanden die Bäume, die Häuser und Paläste aus lauter Silber. Und selbst die Quelle, die aus der Erde sprudelte, war aus flüssigem Silber. Das Plätschern dieser Quelle war der einzige Laut, den er hören konnte. Der Hirtenjunge brach sich einen Zweig vom silbernen Baum und tauchte seine Hände in die Quelle, um sich zu erfrischen. Als er sie aber wieder herauszog, waren sie von blinkendem Silber überzogen.

Und wieder stieg er neun Tage lang den Baum hinauf, immer höher und höher, bis er die oberste Spitze erreichte. Auch hier fand er ein Land, in dem waren aber alle Dinge aus lauterem Gold, die Bäume und Häuser und Paläste glänzten in purem Gold. Selbst die Quelle, die aus der Erde sprudelte, war aus flüssigem Gold. Das Plätschern dieser Quelle war der einzige Laut, den er hören konnte, sonst war alles totenstill. Von dem Baum brach er sich einen goldenen Zweig, dann beugte er sich über die Quelle und ließ sein Haar hineintauchen. Als er es wieder herauszog, war es zu blinkendem Gold geworden.

Weil er aber dort in der Höhe keine Menschenseele traf, machte er sich wieder an den Abstieg, und er kletterte unermüdlich hinab, wer weiß, wieviel Tage, bis er wieder auf der Erde ankam. Seine Schafherde aber fand er nicht mehr vor, kein einziges Tier war mehr zu finden. So machte er sich denn auf den Weg, und weil er in der Ferne eine hohe Stadt liegen sah, ging er mutig darauf zu, um dort Arbeit und Verdienst zu finden. Die drei Zweiglein versteckte er im Mantel, die silbernen Hände verbarg er in seinen Handschuhen. – In der Stadt aber wollte ihm keiner Arbeit geben, niemand schien ihn brauchen zu können. So kam er auch zum Koch des Königs, der suchte gerade einen Küchenjungen. Der junge Hirte war gerne bereit, die Arbeit zu übernehmen, nur stellte er die Bedingung, er müsse immer seinen Hut aufbehalten, dazu seine Stiefel und seine Handschuhe. Er habe einen schlimmen Grind, sagte er, deshalb dürfe er niemandem seine Hände und Haare zeigen.

Nun arbeitete unser Hirte in der Küche und ging dem Koch zur Hand, war fleißig und deshalb überall gut gelitten. – Die einzige Tochter des Königs wollte gerne heiraten. Es sollte aber nicht irgendeiner sein, deshalb stieg sie auf einen Glasberg und sagte: »Nur den will ich zum Mann nehmen, der mich auf dem Glasberg besucht.« Nun kamen die Ritter und Grafen und edlen Herren aus allen Ländern herbei, versuchten, auf den Glasberg zu gelangen, aber sie scheiterten ganz jämmerlich. Einer nach dem anderen rutschten sie hinunter, sie konnten von Glück reden, wenn sie sich nicht Arme und Beine brachen. Die Bewohner der Stadt hatten es sich zur Angewohnheit gemacht, am Fuß des Glasbergs zu sitzen, um mit anzusehen, wie es den jungen Edelleuten erging.

Auch der Küchenjunge wollte dorthin und fragte den Koch um Erlaubnis. »Geh nur«, sagte der, »aber laß dich in der Öffentlichkeit nicht blicken, damit du nicht zum Gespött wirst.« So machte sich der Junge auf den Weg, versteckte Schuhe, Mütze, Handschuhe und Mantel unter einem Busch, nahm den kupfernen Zweig in seine Hand und kletterte mit einer Leichtigkeit auf den Glasberg, als hätte er lauter Treppen und Stufen, bis er auf der Spitze zur Prinzessin gelangte. Mit einer artigen Verbeugung überreichte er ihr den kupfernen Zweig, sie hatte noch gar nicht antworten können, da hüpfte er behend wieder den Berg hinunter und verschwand hinter dem Busch.

Als der Koch in die Küche zurückkam, da saß sein Küchenjunge schon wieder in der Ecke bei seiner Arbeit. Aufgeregt fragte der Küchenmeister ihn: »Hast du den Prinzen gesehen, kupferne Füße hat er, silberne Hände, goldene Haare, im Nu ist er auf den Glasberg gestiegen.« Der Junge antwortete ihm: »Nein, ich habe ihn nicht gesehen, ich war es ja selbst!« Da lachte ihn der Koch aus und meinte, es sei ein Scherz gewesen.

Auch am kommenden Tag wollte der Junge wieder zum Glasberg gehen. Auch diesmal sagte der Koch: »Geh nur, aber laß dich nicht in der Öffentlichkeit sehen, damit du nicht zum Gespött wirst.« Diesmal nahm der Junge den silbernen Zweig und sprang mit leichten Füßen auf den Glasberg, während die vornehmen Ritter herunterrutschten und übereinanderpurzelten. Kaum aber hatte er der Prinzessin seinen Zweig überreicht, da war er auch schon wieder hinuntergesprungen und spurlos verschwunden.

Auch diesmal fragte der Koch, als er wieder in seine Küche zurückkam und seinen Jungen dort arbeiten sah, ob er den wunderlichen Prinzen gesehen habe, der kupferne Füße, silberne Hände und goldene Haare habe. Und wieder bekam er zur Antwort: »Nein, ich habe ihn nicht gesehen, ich war es ja selbst.« Aber der Koch lachte nur über den Scherz.

Am dritten Tag ging es nicht anders. Der Junge überreichte der Prinzessin den goldenen Zweig und eilte wie der Wind zu seinem Versteck zurück und saß schon wieder in der Küche, als der Koch eintrat. »Diesmal mußt du ihn doch gesehen haben«, sagte er zu dem Jungen. Der aber antwortete: »Nein, ich habe ihn nicht gesehen, ich war es ja selbst.«

Derweil saß die Prinzessin traurig in ihrer Kammer und dachte an den jungen Mann mit goldenen Haaren, der dreimal aufgetaucht und wieder so schnell verschwunden war. Und weil der auch dem König gefallen hatte, ließ er im ganzen Lande bekanntmachen, es sollten alle jungen Männer zusammenkommen und barfüßig, barhäuptig und mit bloßen Händen an ihm und seiner Tochter vorüberziehen, einer nach dem andern. – Es war eine lange Reihe, die da zusammenkam, und es verging viel Zeit, bis sie alle vorüber waren, aber der Gesuchte war nicht darunter. Da ließ der König anfragen, ob sich vielleicht noch irgendwo jemand versteckt habe. Daraufhin ging der Koch zum König und berichtete ihm: »Ich hab einen tüchtigen Küchenjungen, der sich immer die Hände und die Haare bedeckt hält. Aber er kann es nicht sein, denn er ist von einem schlimmen Grind befallen.« Um nichts unversucht zu lassen, ließ der König den Jungen herbeirufen. Der kam herein, schmutzig von der Arbeit und in seinen alten Kleidern. Als der König ihn fragte: »Bist du dreimal auf dem Glasberg bei meiner Tochter gewesen?«, da antwortete der Junge, ohne sich lange zu überlegen: »Ja, dreimal bin ich zu ihr gegangen und habe ihr einen kupfernen, einen silbernen und einen goldenen Zweig gebracht.« Der Koch wollte vor Schreck in den Boden versinken, glaubte er doch, sein Küchenjunge habe den Verstand verloren. Der König aber ging auf den Jungen zu, nahm ihm das Hütchen ab, da quollen seine goldenen Haare hervor. Und als man ihm noch die Handschuhe und die Stiefel ausgezogen hatte, da stand er in seiner ganzen Schönheit da, so daß ihm die Prinzessin gleich um den Hals fiel.

So konnte bald Hochzeit gefeiert werden, und der Koch mußte alle seine Kunst aufwenden, um die besten Speisen für seinen ehemaligen Küchenjungen zu bereiten. Als aber das Fest herum war, da wollte die Königstochter gar zu gerne wissen, auf welche Weise ihr lieber Mann zu den drei Zweigen und zu seinen kupfernen Füßen, den silbernen Händen und den goldenen Haaren gekommen sei. Da nahm er sie bei der Hand und sagte: »Ich werde dir den Baum zeigen, auf den ich zu den oberen Reichen geklettert bin. Als sie aber zu der Stelle kamen, wo der mächtige Baum gestanden hatte, da fanden sie ihn nicht, und es wußte auch kein Mensch, wann er denn verschwunden sei. Aber der Hirtenjunge, das steht fest, der hat ihn damals gefunden, und er hat sein Glück dabei gemacht.

Deutsches Märchen

Plädoyer für das Erzählen

Wo erzählt wird, da versammeln sich die Menschen. Wenn es einem Erzähler gelingt, seine Geschichte so farbig und quicklebendig an den Mann und die Frau zu bringen, da kleben sie an seinem Mund – und eh sie sich's versehen, sind sie aus ihrer Einsamkeit befreit, haben ihre Sorgen vergessen und denken weder an ihre Angst noch an ihre Schmerzen. Und weil die Geschichte unserer Phantasie Flügel verleiht, deshalb verlassen wir auch meist schnell unsere Alltagswelt und schwingen uns in andere Landschaften und in andere Zeiten. Unser kleiner Lebensbereich weitet sich, wir nehmen Anteil an fremden Schicksalen, befinden uns in exotischen Gefilden, werden in abenteuerliche Verwicklungen verstrickt und versetzen uns so intensiv in das Leben anderer Menschen, daß wir Herzklopfen bekommen, unser Atem sich verändert und der ganze Körper so reagiert, als wären wir selbst von dem Geschehen betroffen.

Und warum werden Geschichten erzählt? Worin liegt die Faszination der fabulierenden Erzählkunst? Wir dürfen nicht im engen Gehäuse unseres kleinen Ich bleiben, sondern müssen aus dem festgefügten Käfig unserer Vorläufigkeiten und Vorurteile herausgeholt werden. Ist nicht jeder in einem Krähwinkel beheimatet und verteidigt den begrenzten Horizont so, als würde er die ganze Welt bedeuten. Sitten und Gebräuche sind wichtig für unser Leben, aber sie können uns auch den Blick verstellen. Und weil nicht jeder in die ganze Welt fahren kann, um ihre Vielfalt und den Reichtum der Kulturen unseres Planeten kennenzulernen, deshalb kommen uns die Geschichten gerade recht, sie weiten unseren Blick und lassen uns vertraut werden mit der ganzen Fülle an Lebensformen und Daseinsvarianten.

Aber haben wir dafür nicht die Sachbücher der Geographie und der Kulturgeschichte? Bekommen wir nicht genügend Informationen, so daß die ganze Welt uns frei Haus präsentiert wird? Das mag schon sein, aber das sind alles ›kalte Medien‹, die unser Wissen bereichern, aber unser Gefühlsleben nicht erreichen. Erst wenn wir am Weg eines konkreten Menschen teilnehmen können, der einen Namen hat, der uns mit seinen Freuden und Leiden nahekommt, mit dem wir hoffen und fürchten, sind wir ihm so nah gekommen, daß eine Art geistiger Verwandtschaft gestiftet wird. Wir gehen die Situationen seines Lebensweges mit, und er nimmt für unser geistiges Auge konkrete Gestalt an.

Ein weiterer Gedanke ist noch wichtiger: Kein Mensch kennt sich selbst wirklich, wir meinen immer nur, daß wir uns kennten, in Wirklichkeit sind wir uns ein Rätsel, über das wir aber meist nicht nachdenken. »Ich kenne alles, nur nicht mich«, hat schon der mittelalterliche Vagantensänger François Villon von sich gesagt. Nun hilft es uns meist nicht viel weiter, wenn wir einfach nur über uns nachdenken, wenn wir uns der Nabelschau widmen oder ins Grübeln verfallen. Die Alternative dazu ist, daß wir andere Menschen beobachten und unsere Gemeinsamkeiten und unsere Unterschiede zu ihnen kennenlernen. Und wenn wir Geschichten erzählt bekommen, dann bekommen wir eine ganze Bandbreite von menschlichen Schicksalen präsentiert. Und gerade dabei kommt nun häufig ein überraschender Effekt des ›Wiedererkennens‹ vor: Im fremden Schicksal kommt etwas von meiner Existenz zum Vorschein, ich bekomme einen Spiegel vorgehalten und stelle fest: Du bist so ähnlich wie ich, wenn ich dich beobachte, geht mir etwas von meinem eigenen Dasein auf.

Nun wird sich ein solcher Vorgang natürlich nicht in jeder Geschichte ereignen, manche fließen an mir vorbei oder wecken nur ein allgemeines Interesse, aber dann plötzlich merke ich verblüfft auf, weil ›meine Sache‹ verhandelt wird und ich an der aufgeworfenen Problematik unmittelbar beteiligt bin. Das sind die Glücksfälle beim Hören von Geschichten, mancher mag auch erschrecken, weil er das Verschwiegene oder Verdrängte so unmittelbar aufgedeckt vorfindet. Geschichten setzen sich nicht nur im Ohr, sondern im Herzen fest, lassen sich nicht vertreiben, steigen wieder auf und beschäftigen unsere Phantasie noch lange nach dem Erzählvorgang.

In den alten Kulturen war und im vorderen Orient bis heute ist der Märchenerzähler eine wichtige Gestalt des Alltagslebens. – Als zu Beginn des vorigen Jahrhunderts der österreichische Orientalist Joseph von Hammer in den Nahen Osten reiste, konnte er noch überall die Geschichtenerzähler beobachten. Er notierte sich damals: »Man muß sie gesehen haben, diese Kinder der Wüste, wie sie sich regen und bewegen, wie sie in Gefühle hinschmelzen und im Zorne aufflammen, wie sie sich ängstigen und wieder zu Atem kommen, wie sie lachen und klagen, wie sie mit dem Erzähler und dem Helden der Erzählung den Zauber der Beschreibungen und die Raserei der Leidenschaften teilen. Ein wahres Schauspiel, wo aber die Zuhörer zugleich die Schauspieler sind ... Fällt der Held der Geschichte in Schlingen der Treulosigkeit und Verräterei, so zieht sich ihre Stirn in Runzeln zürnenden Unwillens und sie rufen: ›Gottes Fluch über den Verräter!‹ Erliegt er endlich der Überzahl seiner Feinde, so entfährt ihrer Brust ein langes und glühendes ›Ach‹! Wenn er im Gegenteil siegreich und ruhmgekrönt aus der Schlacht zurückkehrt, füllt das laute Geschrei: ›Lob Gott dem Herrn der Heerscharen‹ die Luft ... Nichts gleicht dem Vergnügen, das in allen Augen funkelt, wenn der Erzähler ein Gemälde weiblicher Schönheit mit Muße und Liebe ausführt. – Sie horchen mit stillschweigender Aufmerksamkeit hin, und wenn der Erzähler seine Beschreibung nun mit dem Ausruf endet: ›Gelobt sei Gott, der schöne Weiber erschaffen hat‹, so rufen alle mit der Begeisterung der Bewunderung und des Dankes im vollen Chor: ›Gelobt sei Gott, der schöne Weiber erschaffen hat.‹«

Wenn es stimmt, daß wir in der Gefahr stehen, ›Analphabeten des Gefühls‹ zu bleiben, weil wir die starken Gemütsbewegungen am liebsten gar nicht aufkommen lassen, dann haben wir die Geschichten schon deshalb nötig, damit wir eine Ahnung bekommen von dem Spannungsbogen menschlicher Gefühle. Es ist schon merkwürdig, daß es Menschen gibt, die jahrelang keine Träne mehr geweint haben und plötzlich von einer Geschichte so mitgenommen werden, daß sie gar nicht anders können als laut loszuweinen. – In seinem Roman ›Der arabische Nachtmahr‹ läßt Robert Irwin im mittelalterlichen Kairo einen Erzähler namens Yoll auftreten, der auf der Straßen und Plätzen sitzt und eine unerschöpfliche Phantasie hat, so daß immer die eine Geschichte schon wieder die nächste aus sich entläßt. Von ihm heißt es, daß er voller Mitleid für die Menschen seiner Stadt war, Mitleid deshalb, weil bei ihnen die Phantasie versiegt war und sie nicht mehr träumen konnten. »Diese armen Leute haben keine Stimme, keine Träume, sie sitzen wie Lumpenpuppen neben ihren Waren, aber ich werde zu ihrer Stimme, und ich werde ihre Träume für sie erschaffen.« Er war davon überzeugt, seine Geschichten könnten »ein Filter für die Gefühle und Hoffnungen ... der Menschen von der Straße werden.«[1]

Die Märchen, aber auch manch andere Geschichten, haben bekanntlich eine besondere Beziehung zu den uns unbewußten Bereichen der Seele. Vor allem die Traumbilder, die sich im Schlaf ungerufen einstellen und uns beim Erwachen manchmal noch gegenwärtig sind, haben mit ihren verblüffenden Handlungspartikeln eine seltsame Nähe zu den Bildern der Zaubermärchen. Es kann uns passieren, daß uns eine Geschichte an einen Traum erinnert oder der Traum eine Geschichte fortspinnt. So werden wir aufgefordert, unser Tagesbewußtsein nicht als unsere ganze Wirklichkeit anzusehen, weil es ja da auch noch die dunklen Bereiche gibt, geheimnisvolle Kellerräume mit unterirdischen Gängen und Höhlen, die zu uns gehören, ob wir sie sehen und anerkennen wollen oder nicht. Nicht umsonst wird in vielen Märchen von gefährlichen Wanderungen in die Unterwelt erzählt, in denen man verschlungen werden kann, in denen man aber auch ungeheure Schätze findet und verwandelt wieder herauskommt.

Erzählt wird nicht ins Beliebige, gleichsam ins Blaue, sondern auf die Hörer hin. Es ist schwer, eine Geschichte zu erzählen, wenn es kein aufmerksames Ohr gibt, das hungrig ist auf Geschichten. Peter Handke berichtet in seinem Roman ›Die Wiederholung‹ von einem Jungen, der sich eine Freundin wünscht, der er erzählen könne, einfach nur erzählen. Wenn man kein Gegenüber hat, wie soll man da zum Erzähler werden und das Erzählen lernen? Er kann auch das Lieben nur verstehen als ein beständiges, so schonendes wie rückhaltloses, so ruhiges wie aufschreihaftes, als ein klärendes, erhellendes Erzählen. Der aufmerksame Zuhörer ist wichtig, er wird mit seiner Hörbereitschaft und seinen Zwischenfragen zum Geburtshelfer der Geschichten. Bei Handke heißt es dann: »Und der da erzählte, das war gar nicht ich, sondern es, das Erleben selber. Und dieser stille Erzähler, in meinem Innersten, war etwas, das mehr war als ich.«[2] Offenbar haben wir Geschichten in uns, die geboren werden wollen, und es muß der Erzähler in uns erst Gestalt gewinnen. »In der Stunde zwischen der beginnenden Dämmerung und dem Nachtanbruch wurde die freie Stelle vor der Kirche zu einer Art Platz, der den Kindern gehörte ... Hier versuchte ich mich, ausgestattet mit verschiedenen Werkzeugen, als Erzähler; rieb mitunter ein Streichholz an, schlug zwei Steine gegeneinander, blies in die zur Hohlkugel geformten Hände; kam dabei freilich über das Beschwören von Abläufen ... nie hinaus.«[3] Kann es nicht sein, daß das Erzählenlernen etwas mit unserem Reifungsprozeß zu tun hat, mit der Geburt unserer wahren Person? Dann müßte man sagen: Wer nicht zum Erzähler wird, der ist noch gar nicht zu sich selbst gekommen.

Aber es geht doch nicht einfach ums Erzählen um des Erzählens willen, es muß doch auch um einen handfesten Stoff gehen, um ein brauchbares Thema. Das schon, aber manchmal wird aus einer Handvoll Stoff eine hinreißende Geschichte – und aus einem weltbewegendem Sujet ein kümmerliches Gebilde. Erst muß wohl einer das Erlebte so verdaut haben, innerlich angeeignet und erwogen, daß es dann auch in eine farbige Sprache umgesetzt werden kann. Vilma Mönckeberg hat einmal gesagt: »Erzählen heißt: Ich sage dir etwas, ich spreche nicht in einen leeren Raum, sondern ich rede dich an, und ich erwarte, ja ich brauche deine Reaktion, deine Antwort.«[4] Wenn das Erzählen ein dialogischer Vorgang ist, dann muß der Zuhörer den Erzähler auch dazu bringen, neue Worte und neue Klänge zu finden. Es sind ja nicht die Worte allein, die dem Erzählten Flügel verleihen, sondern es kommt noch der Sprachrhythmus dazu, der melodische Reichtum einer Stimme, die Fähigkeit, einen Erzählbogen zu spannen und durchzuhalten, an den richtigen Stellen Pausen zu setzen, sich stimmlich zu steigern, ohne einem hohlen Pathos zu verfallen. Und was der Stimmklang nicht vermag, das bewirkt die Mimik und Gestik, sparsam eingesetzt, aber wirksam, weil das erzählte Geschehen noch deutlicher verleiblicht wird. Ist es nicht so, daß wir manche Geschichten unser ganzes Leben mit dem in Verbindung bringen, von dem wir sie zum ersten Mal gehört haben? Sein Tonfall, sein Melos, seine Handbewegungen, sie haben sich mit der Geschichte unlöslich verknüpft.

Geschichten kommen ›von weit her‹ und sind uns plötzlich ganz nah. Im Grunde gibt es gar nicht so viele Urthemen, die uns zum Erzählen verlocken. Immer geht es um das Wagnis mit der Welt, um die Suche nach einem gangbaren Weg, immer geht es auch um die verborgenen Geheimnisse des Daseins, die aufgefunden werden müssen, wenn sich das Leben als sinnvoll erweisen soll. Und immer geht es schließlich darum, den Freund und Gefährten zu finden, die Partnerin und ›andere Hälfte‹ unserer Person. Aber Widersacher und Widerstände, Krisen und Rückschläge, die überwunden werden müssen, um das Ziel zu erreichen, selbst wenn es sich immer wieder als vorläufiges Ziel herausstellen sollte. – Aber diese wenigen Urmotive geben so viel her, daß wir nicht aufhören können, immer neue Varianten und Spielarten zu erfinden.

Wer erzählt, schaut zurück. Auf das, was sich in seinem Leben ereignet hat an freudigen und traurigen Geschehnissen. Die Zeiten, in denen das Leben ruhig dahinfloß und der Alltag wenig Raum ließ für große Abenteuer, sparen wir gewöhnlich aus, aber die ›Stromschnellen‹ der Zeit, wo sich die Ereignisse überschlugen und alles darauf ankam, spontan die rechten Entscheidungen zu treffen und die Chancen der Situation zu erkennen, die sind das geeignete Rohmaterial für unsere Erzählungen. – Aber auch die dunklen Tage, in denen sich das Verhängnis zusammenbraute und die Schicksalsschläge uns trafen, müssen berichtet werden. Was uns auf der Seele lastet und nie mitgeteilt wurde, wird immer bedrängender und verdüstert unser Gemüt. Kann es aber ausgesprochen werden, finden wir jemanden, der sein Ohr öffnet und geduldig alles in sich einläßt, ohne gleich zu richten oder zu ironisieren, dann ist es so, als würde uns eine schwere Bürde abgenommen und unser Herz könnte erleichtert aufatmen.

Aber es sind ja nicht in erster Linie die eigenen Erlebnisse, die uns zum Erzählen reizen. Viel häufiger berufen wir uns auf das, was wir selbst gehört oder gelesen haben, auf das Erzählgut unserer Vorfahren, auf Anekdoten und andere Geschichten, auf Märchen und Sagen. Wir reihen uns damit in eine lange Kette der Erzähler ein, die nicht den Ehrgeiz hatten, Nie-Gehörtes mitzuteilen, sondern dienend einen alten Erzählstrang weiterzuspinnen gedachten. Gerade unsere Märchen haben eine so schlüssige und bündige Sprachform gefunden, die man bewahren möchte und sie nicht der Willkür auszusetzen wagt. – Und trotzdem geht die angeeignete und zur eigenen Erzählung gewordene Geschichte durch einen Wandel, denn jeder versteht sie ein wenig anders, jeder setzt seine eigenen Höhepunkte, erkennt sich in ihr auf besondere Art wieder. Das macht das Erzählen ja so spannend. Wenn ich das gleiche Märchen von drei Erzählerinnen oder Erzählern höre, dann bin ich manchmal mit drei Geschichten konfrontiert, obwohl sich der Wortlaut nicht verändert hat.

Wenn man über die Wichtigkeit des Erzählens nachdenkt, muß man auch die Frage stellen, was denn die Orte und die Zeiten des Geschichtenerzählens sind. Unsere Gegenwart ist ja nicht nur hektisch geworden, unruhig und gehetzt, wir haben uns auch an eine streng geregelte Zeitökonomie gewöhnen müssen: Zeit darf nicht verschenkt und vertrödelt werden. Selbst die Mußezeiten gehören in den ›Plan‹.

Es gibt keine Spinnstuben mehr, wo man sich ausgiebig den Erzählungen hingeben konnte. Es gibt noch den ›Stammtisch‹, aber das Niveau der Geschichten, die hier erzählt werden, dürfte keine besonderen Höhen erreichen. Witze und Anekdoten haben dort ihren Platz, politische Themen auch, aber darüber hinaus wird es selten gehen. Ähnliches gilt vom Kaffeekränzchen, hier können Erfahrungen ausgetauscht und die kleinen oder großen persönlichen Probleme behandelt werden; wirkliche Geschichten werden wohl seltener erzählt werden.

Aber da gibt es die Familienfeste, die Geburtstage und Hochzeitsfeste, die Treffen, bei denen sich die ganze Verwandtschaft versammelt, auch die Begräbnistage (man traut sich hier nicht von ›Fest‹ zu sprechen, obwohl es ja manchmal auch feierliche Ereignisse sind). Hier müßte sich wieder eine Erzähltradition stiften lassen. Eine Familie wird ja wesentlich zusammengehalten durch die gemeinsamen Erlebnisse, das können wunderbare Erinnerungen sein und schreckliche Schicksalsschläge. Sie müssen erzählend vergegenwärtigt werden, damit sie der nächsten Generation vertraut bleiben und nicht verlorengehen. Früher waren es vor allem die Großmütter, die treulich alle wichtigen Ereignisse der Familie im Gedächtnis behielten und oft ein beachtliches Erzähltalent entwickelten. Sie hatten nicht nur die Namen der Vorfahren und der weiteren Verwandtschaft im Kopf, sondern wußten auch die Lebenswege und die Verwicklungen mitzuteilen. Aber daneben kannten sie auch noch die alten Lieder, hatten die Festbräuche nicht vergessen und verfügten über einen beträchtlichen Märchenschatz.

In seinem Buch ›Paare, Passanten‹ erinnert sich Botho Strauß an seinen dominanten und heftig diktierenden Vater, von dem er sich mühsam abzusetzen bemühte. Und dann geht es weiter:»Aber gab es nicht ... die Großmutter, die erzählende Alte, die dem Kind zuerst die Zeit vertiefte und in vollem Zug Vergangenheit ausschenkte? Waren es nicht die alten Frauen, die sich erinnerten? Abgesehen davon, daß nur die wenigsten von uns, die hierzulande in den Schrumpffamilien aufwuchsen, eine solch erzählende Großmutter bei sich hatten, waren es ja auch Geschichten, überlieferte oft mehr als selbsterlebte, die sie vortrugen.«[5] Botho Strauß fragt sich, ob die großmütterlichen Erzählungen nicht nur »die vordersten Zipfel« der Erinnerungen erwischen und einen ganzen Kontinent abgesunken sein lassen, aber vielleicht machen doch auch schon die Erzählbruchstücke Lust, noch mehr zu entdecken. Die Neugier muß ja geweckt werden für die verborgenen und abgesunkenen Kontinente des Vergangenen.

Bettine Brentano erzählt in ihren Briefen, wie sie nach dem frühen Tod ihrer Eltern Trost und Geborgenheit bei zwei alten Menschen gesucht und gefunden hat: bei ihrer Großmutter Sophie von La Roche, die in Offenbach ein Haus mit einem Garten besaß, und bei Frau Aja, der Mutter Goethes in Frankfurt. Diese beiden Alten wurden ihre engsten Vertrauten. Stundenlang saß sie bei ihnen, fragte ihnen ihre ganze Vergangenheit aus dem Gedächtnis, ließ sich von Frau Aja die Kindheitsgeschichte Goethes so ausführlich erzählen, daß Goethe später, als seine Mutter längst gestorben war und er in ›Dichtung und Wahrheit‹ seine Lebensgeschichte aufzeichnen wollte, auf das gute Gedächtnis Bettinens angewiesen war, die ihm die Erzählungen der Mutter sorgsam bewahrt hatte, bis in den Tonfall hinein. – Und Großmutter Sophie mußte ihr vom Großvater erzählen, der längst verstorben war, mußte von seinen politischen Verwicklungen berichten, von seinen Reformideen und Überzeugungen. Und Bettine saß dabei und vergaß nichts. – Ihrer Freundin Karoline von Günderode schrieb sie einmal: »Es ist doch recht schön, wenn ich noch das letzte Lebensjahr der Großmutter recht freundlich mit ihr zubrächt, mich durstet nach dem Segen alter Leut; seitdem ich vom Tod weiß, so deucht mir die letzte Lebenszeit eines Menschen etwas Heiliges.«[6]

Ist eigentlich das Erzählen immer nach rückwärts gerichtet? Können wir nur das erzählend mitteilen, was sich früher ereignet hat und nun in die Gegenwart hineingerufen wird? Wir sollten nicht vergessen, daß wir uns zwar erinnern müssen, um unser Leben zu verstehen, daß wir dieses Leben aber nur nach vorn verwirklichen können. Deshalb muß es ein nach vorn gerichtetes Erzählen geben: Geschichten werden kühn nach vorn entworfen. Das Vergangene ist kein Wert in sich, es macht uns vertraut mit dem Gewesenen, damit wir instandgesetzt werden, uns mutig und einfallsreich dem Kommenden zuzuwenden. Und der Erzähler kann auch schon ahnungsvoll das Künftige vorwegnehmen, indem er das Ersehnte erste Gestalt annehmen läßt. Das Unbekannte und Fremde macht uns ja Angst, der Erzähler aber bereitet uns mit seinen Zukunftsträumen schon auf das Herankommende vor. Was noch nicht erschienen ist, bereitet sich ja möglicherweise vor, kündigt sich an, muß vielleicht aus seinem Schlafzustand gerüttelt werden. Wäre es nicht niederschmetternd, wenn alles immer so bleiben müßte, wie es ist? Die Geschichten können weit ausgreifen und die noch nie bedachten Möglichkeiten einer Entwicklung heraufbeschwören. Robert Musil glaubte, es müsse neben dem Wirklichkeitssinn auch einen Möglichkeitssinn geben. »Das Mögliche umfaßt jedoch nicht nur die Träume nervenschwacher Personen, sondern auch die noch nicht erwachten Absichten Gottes. Ein mögliches Erlebnis oder eine mögliche Wahrheit ... haben etwas sehr Göttliches in sich, ein Feuer, einen Flug, einen Bauwillen und bewußten Utopismus, der die Wirklichkeit nicht scheut, wohl aber als Aufgabe und Erfindung behandelt.«[7] Das Vorausdenken und Vorausphantasieren entbindet möglicherweise Kräfte und macht Lust, die notwendigen Dinge anzupacken. Zu allen Zeiten gab es diese Geschichtenerzähler, die neue Horizonte eröffnet haben und Neuland in den Blick nahmen. Müssen wir nicht auch Mose so verstehen, der auf das Gelobte Land hinweist, Jesus, der vom kommenden Reich spricht und in seinen Gleichnissen veranschaulicht? Und Plato hat ebenso wie später Augustin eine künftige Lebensform entworfen, Thomas Morus nicht minder wie Tommaso Campanella. Wir haben solche Gestalten nötig, wie wir vorwärtsdrängende Geschichten brauchen. Ohne eine solche Verheißung und eine hoffnungshafte Zusage könnten wir wohl gar nicht den Gang ins Unbekannte antreten. Wie viele Berufungsgeschichten stehen in der Bibel: Da werden Menschen beim Namen gerufen und sie bekommen einen Auftrag, ihnen wird ein Weg gezeigt oder eine Zukunft erschlossen. Und wenn wir diese Geschichten hören, dann fragen wir uns, in welche Richtung denn unsere Geschichte laufen wird, wohin *wir* gerufen werden.

Geschichten bedürfen einer gewissen Spannung, es muß abenteuerlich zugehen, wenn wir davon gefesselt werden wollen. Und wenn wir uns mit der Geschichte recht einlassen, dann wird uns aufgehen: Auch in unserem eigenen Leben wird nicht alles geruhsam ablaufen, sondern auf Krisen und schwerwiegende Entscheidungen hinzielen, so daß wir plötzlich den Wagnis-Charakter unseres Daseins bemerken. »Große Zeit ist es immer nur, wenn's beinah' schiefgeht, wenn man jeden Augenblick fürchten muß: ›Jetzt ist alles vorbei‹. Da zeigt sich's«, so heißt es in Fontanes ›Stechlin‹. Wie müssen also die Geschichten sein, die wir nötig haben? Sie sollen uns das Vergangene erschließen, ohne uns an die Vergangenheit zu binden. Sie sollen uns Mut machen für das Künftige, ohne zu verschweigen, wie hart das Morgen vielleicht ist. Sie sollen uns unterhalten und ergötzen, aber nicht von dem ablenken, was wir zu tun haben. Sie sollen nicht verschleiern und zudecken, was in der Vergangenheit schrecklich war, aber sie sollen uns auch von Menschen berichten, die mutig in »die Dornen der Zeit« hineingegriffen haben. Sie sollen uns nicht Angst machen und nicht immer vom Versagen und Scheitern der menschlichen Bemühungen erzählen, sondern auch von Lösungsmöglichkeiten, aber wir brauchen auch Geschichten, in denen vom tragischen Geschick gehandelt wird, vom Schmerz und von der Trauer. Aber immer wieder muß es auch Rettungsgeschichten und Erzählungen von der Erlösung geben. Mircea Eliade berichtete in einem Gespräch einmal von dieser Qualität des Erzählens: »Einer, der erzählen kann, vermag sich in bestimmten schwierigen Situationen zu retten. Das hat man übrigens in den russischen Konzentrationslagern gesehen. Diejenigen, die das Glück hatten, in ihrer Baracke einen Geschichtenerzähler zu besitzen, haben in größerer Zahl überlebt. Geschichten zu lauschen hat ihnen geholfen, die Hölle des Konzentrationslagers zu überstehen.«[8]

Anmerkungen

[1] *Robert Irwin,* Der arabische Nachtmahr (deutsch von Annemarie Schimmel).

[2] *Peter Handke,* Die Wiederholung, Frankfurt/M. 1992, 16.

[3] A.a.O. 48.

[4] *Vilma Mönckeberg,* Das Märchen und unsere Welt, Düsseldorf 1972, 59.

[5] *Botho Strauß,* Paare, Passanten, München 1984, 52f.

[6] *Bettina von Arnim,* Die Günderode, Frankfurt/M. 1983, 358.

[7] *Robert Musil,* Der Mann ohne Eigenschaften, Hamburg 1952, 16.

[8] *Mircea Eliade,* Die Prüfung des Labyrinths. Gespräche mit Claude-Henri Rocquet, Frankfurt/M. 1987, 207.

Die fehlende Nachtigall

Ein König herrschte mit seinen drei Söhnen in einem fernen Reich. Da seine besondere Liebe der Frömmigkeit und dem Gebet gehörte, baute er in seiner Königsstadt eine schöne Moschee. Nach der Fertigstellung betrat er den prächtigen Bau, um zu beten. Da trat ein Mönch des Derwischordens an ihn heran und flüsterte ihm zu: »Eine wunderschöne Moschee hast du bauen lassen, aber sie wird dir nichts nützen, dein Gebet bleibt fruchtlos.« Der König erschrak über diese Worte und ließ die Moschee wieder abreißen. Dann gab er den Auftrag, eine noch größere und schönere zu bauen, was auch gleich geschah. Als der Bau vollendet war, ging der König wieder hinein, um seine Gebete zu sprechen. Aber wieder trat der Derwisch an ihn heran und flüsterte ihm zu: »Nun hast du eine noch schönere Moschee bauen lassen, aber auch sie nützt dir nichts: Dein Gebet bleibt fruchtlos.« Ganz traurig wurde da der König, er ließ aber auch seine zweite Moschee niederreißen und gab den Auftrag zu einem prachtvollen Neubau, der so kunstvoll ausgeführt wurde, daß der gesamte Thronschatz dabei geopfert werden mußte. Endlich war es soweit, der Bau erstrahlte in seinem vollen Glanz, und der König betrat zuversichtlich die Halle, um zu beten. Aber auch jetzt erschien wieder der Derwisch und sprach von der Vergeblichkeit des königlichen Baues. Ratlos und niedergeschlagen verließ der König die Moschee und schloß sich in seine Gemächer ein, keiner konnte ihn trösten, denn er hatte keine Mittel mehr, eine noch gewaltigere Moschee zu bauen. Seine Söhne gingen zu ihm und versuchten den Grund seiner Trauer herauszufinden. Da erzählte er ihnen, wie wichtig es ihm sei, Gott ein würdiges Haus zu bauen und ein Gebet zu sprechen, das bis zum Thron Gottes dringen könne. – Die Söhne nahmen sich vor, den Derwisch zu fragen, was der Moschee denn fehle, so daß die Gebete nicht aufsteigen konnten.

Am nächsten Morgen ging der König wieder zur Moschee, ließ sich auf die Knie nieder und versuchte sein Gebet zu sprechen. Kaum hatte er die ersten Worte gesprochen, da kam auch schon wieder der Mönch und flüsterte ihm zu:

»Du brauchst dein Gebet gar nicht weiter zu sprechen, es bleibt fruchtlos.« Als er sich aber vom König abwandte und zum Ausgang schritt, da packten ihn die Königssöhne und sagten zu ihm: »Wir lassen dich nicht frei, bevor du uns nicht gesagt hast, warum du unseren Vater so betrübst. Warum sagst du ihm, daß sein Beten vergebens sei?« Der Derwisch antwortete ihnen: »Die Moschee ist so herrlich, daß sie ihresgleichen nicht in der ganzen Welt hat, aber es fehlt ihr etwas, deshalb kann sich das Gebet darin nicht entfalten. – »Aber es ist doch alles da, was zu einer Moschee gehört«, wandten die Söhne ein. »Das schon, aber es fehlt die Nachtigall Gisari, die könnte die Gebete zum himmlischen Thron bringen.« – »Ja, aber wo ist denn die Nachtigall Gisari zu finden? Wenn sie so wichtig ist, dann wollen wir losziehen und sie herbeiholen.« – »Ich kann euch nur sagen, daß die Nachtigall entscheidend wichtig ist; wo sie aber zu finden ist, das kann ich euch auch nicht sagen.«

Da gingen die drei Söhne zu ihrem Vater und berichteten ihm, was sie von dem Mönch erfahren hatten, und sie versprachen ihm: »Wir werden ausziehen und diese Nachtigall so lange suchen, bis wir sie gefunden haben. Dann werden wir endlich alle in der Moschee beten können.« So verabschiedeten sie sich vom König und zogen zusammen in die Ferne. Als sie schon ein paar Tagreisen weit geritten waren, kamen sie zu einer Weggabelung, drei Wege führten in verschiedene Richtungen. Bei zweien stand auf einem Stein: »Wer diesen Weg geht, der kommt auch wieder zurück.« Beim dritten Weg aber fand sich ein Stein mit der Inschrift: »Wer diesen Weg geht, kommt nie mehr zurück.« Sie beratschlagten, welchen Weg sie einschlagen sollten, und kamen zu dem Ergebnis, daß sie sich trennen und auf verschiedenen Wegen nach der Nachtigall Gisari suchen sollten. Noch einmal umarmten sie sich, und dann ging jeder seinen Weg, die beiden älteren Brüder gingen auf den Wegen weiter, die auch wieder eine Heimkehr verhießen, der jüngste aber ging den Weg, der keine Wiederkehr in Aussicht stellte. Die älteren vergaßen aber bald ihren Auftrag, einer machte mit dem Geld, das er mitbekommen hatte, ein Cafe auf, der andere wurde in einer Stadt, in die er kam, Barbier und verdiente sich so seinen Unterhalt.

Der Jüngste aber kam in eine wilde Gegend, wo es keine Städte gab und keine Dörfer, keine Gasthäuser und keine Menschen. Endlich traf er doch auf jemanden, es war eine wilde Frau, die ihr Haar mit einem Reisigbündel kämmte. Der junge Mann ging zu ihr, kämmte sie mit seinem eigenen Kamm und reinigte sie von ihrem Schmutz. Sie wunderte sich über seine Fürsorge und sagte zu ihm: »Sicher hast du einen Wunsch, daß du mich so freundlich behandelst?« Er antwortete: »Ja, ich habe wirklich einen Wunsch. Kannst du mir vielleicht sagen, wo ich die Nachtigall Gisari finden kann? Du kennst dich doch sicher in der ganzen Gegend aus, bist du ihr vielleicht begegnet?« Diese Auskunft konnte sie ihm aber nicht geben: »Hier findest du nur wilde und gefährliche Tiere, die Nachtigall, die du suchst, gibt es nicht. Ich rate dir, kehr wieder um, denn das ist hier ein gefährliches Land.«

Unser Jüngster ließ sich jedoch nicht abhalten, verabschiedete sich von der wilden Frau und suchte sich einen Weg durch die Wildnis, stieg über Berge und bahnte sich durch das Dickicht einen Pfad. Endlich sah er in der Ferne ein Haus, er ging darauf zu und mußte erkennen, daß es die Behausung des Tigerkönigs war. Seine Frau trat aus dem Haus, sie war gerade beim Brotbacken gewesen und warnte den jungen Mann vor dem Eintreten: »Mein Mann wird bald zurückkommen und dich auffressen.« Aber der Junge war so müde, daß er nicht mehr weiterwandern konnte, er sagte: »Und wenn er mich auch frißt, ich bleibe hier.« Die Frau des Tigerkönigs machte sich wieder ans Brotbacken, aber sie war dabei so ungeschickt, daß sie die Kohlen mit ihren Händen im Ofen verteilte und dabei schlimme Brandwunden zu bekommen drohte. Da nahm der Junge schnell einen festen Zweig und breitete damit die Kohlen so aus, daß sich die Frau nicht die Finger verbrennen mußte. Und dankbar versteckte sie den jungen Mann in einer Truhe, damit der Tigerkönig ihn nicht finden sollte.

Als der Tigerkönig nach Hause kam, wunderte er sich, daß seine Frau nicht wie sonst, wenn sie Brot gebacken hatte, krank und mit verbundenen Händen im Bett lag. Er schimpfte sie: »Warum hast du heute kein Brot gebacken?« Sie aber setzte ihm das frische Brot vor und sagte: »Ich weiß jetzt, wie ich das Brot zubereiten kann, ohne krank dabei zu werden. Wenn hier ein Mensch wäre, der mich lehren könnte, auf rechte Weise Brot zu backen, ohne mich zu verbrennen, was würdest du mit ihm tun?« – »Ich würde ihn als meinen Bruder ansehen«, sagte der Tigerkönig; da kam der junge Mann aus seinem Versteck heraus und wurde freundschaftlich umarmt. Auf die Frage, warum er denn in diese Einsamkeit gewandert sei, erzählte er seine Geschichte. »Ich bin auf der Suche nach der wunderbaren Nachtigall Gisari«, schloß er seinen Bericht, »und ich habe die Hoffnung, daß du mir weiterhelfen kannst. – »Von diesem Vogel habe ich noch nicht einmal gehört. Ich kann dir nur einen Rat geben. Wandere weiter, bis du zu meinem Bruder, dem Löwenkönig, kommst. Er ist so alt, daß er seine Augenlider gar nicht mehr aufmachen kann. Geh zu ihm hin und hebe seine Lider, damit er dich anschauen kann. Vielleicht kann er dir weiterhelfen. Bevor du aber zu ihm kommst, geh zuerst zu seiner Frau, liebkose sie und sauge an ihren Brüsten. Sie wird dich fragen: ›Wer ist gekommen, um an meinen Brüsten zu trinken?‹ Antworte ihr darauf: ›Ich bin dein Sohn, sei du meine Mutter‹, dann wird sie dich zu meinem Bruder geleiten.«

Der junge Mann begab sich wieder auf die Wanderschaft, und als er zu dem Löwenkönig kam, machte er es genau so, wie es ihm der Tigerkönig geraten hatte. Als er ihn aber fragte, ob er die Nachtigall Gisari kenne und ihm sagen könne, wie er sie finde, da bekam er zur Antwort: »Du weißt, daß ich der König der Tiere bin und die Tiere kenne. Den Vogel Gisari wirst du niemals finden, ich rate dir, laß von deiner Suche ab, und kehr schnell wieder in deine Heimat zurück, wenn dir dein Leben lieb ist. Wenn du nämlich weitergehst, kommst du in das Gebiet der bösen Geister, denen kannst du nicht entkommen.«

Da nahm der Junge wieder Abschied, und trotz aller Warnungen und Mahnungen ging er weiter seinen gefährlichen Weg. Plötzlich wurde er von drei Adlern angefallen, die sich mit ihren spitzen Schnäbeln auf ihn stürzten. Er zog schnell seinen Degen und setzte sich mit aller Entschiedenheit zur Wehr, den einen Adler stach er in den Flügel, den anderen ins Bein, den dritten in den Schnabel, so daß sie von ihm abließen und davonflogen. Schließlich kam er zu einem einsam gelegenen Haus und trat dort ein. Eine alte Frau empfing ihn, sagte aber gleich: »Bleib nicht hier, gleich werden meine Töchter kommen, die werden dich ohne viel Federlesens auffressen. Der junge Mann sagte nur: »Da ich in Gottes Hand stehe, vertraue ich mich auch dir an. Ich kann keinen Schritt weitergehen, du mußt mir Herberge geben. Die Alte gab ihm zu essen und versteckte ihn in einem Schrank, von dem aus er die ganze Stube durch ein Loch überblicken konnte. Darauf deckte sie den Tisch und stellte eine Schüssel mit Wasser mitten darauf. Kaum war das geschehen, da hörte er ein Flügelrauschen, die drei Adler flogen zum Fenster herein, einer nach dem anderen badeten sie in der Wasserschüssel und kamen als junge Mädchen wieder heraus.

Nachdem sie gegessen hatten, sagte die Alte zu den drei Mädchen: Wenn hier ein Mann wäre, was würdet ihr mit ihm tun?« Das erste Mädchen sagte: »Bei der Seele des Mannes, der mir in den Flügel gestochen hat, ich tue ihm nichts zuleide.« Das zweite sagte: »Bei der Seele des Mannes, der mir ins Bein gestochen hat, ich tu ihm nichts zuleide«. Und die dritte: »Bei der Seele des Mannes, der mir in den Schnabel gestochen hat, ich tu ihm nichts zuleide.« Da kam der junge Mann aus seinem Versteck und sagte: »Hier ist der, der euch mit seinem Degen verwundet hat.« Nun freuten sie sich über ihren Gast und fragten ihn, warum er diese weite Reise in die Wüstenei gemacht habe. Als er seine Geschichte und sein Anliegen vorgetragen hatte, da machten sie erstaunte Gesichter und sagten: »Ja, wir wissen, wo sich die Nachtigall Gisari befindet. Es ist aber ein so weiter Weg dorthin, daß du Jahre brauchtest, um ans Ziel zu gelangen. Wenn du eine Weile bei uns bleibst, bis wir unsere Wunden ausgeheilt haben, werden wir dich hingeleiten.«

So blieb er denn eine ganze Weile bei den Mädchen, dann nahmen sie ihn, nachdem sie sich wieder in Adler verwandelt hatten, auf ihre Fittiche und trugen ihn in Windeseile über Berge und Täler, bis sie in ein Land kamen, dessen Königin die ›Schöne der Erde‹ war. Sie war von Hunderten von Wächtern behütet, dazu lag vor der äußeren Tür ein grimmiger Wolf, vor der zweiten Tür ein Tiger und vor der inneren Tür ein Löwe. Die Adlermädchen setzten ihren jungen

Freund mitten im Hof ab, er schlich sich weiter und sah, daß alle Wächter und die wilden Tiere fest eingeschlafen waren. So kam er unbemerkt in die Kammer der ›Schönen der Erde‹, wo sie ebenfalls in einen tiefen Schlaf gefallen war. Vier Kerzen hatte sie angezündet, sie waren aber am Erlöschen. Da nahm er vier neue Kerzen, zündete sie an, und schaute die ›Schöne der Erde‹ lange an, wie sie dort lag und ruhig atmete. Dann nahm er den Käfig mit der Nachtigall Gisari, hauchte einen Kuß auf die Lippen der schönen Königin und ging wieder auf den Schloßhof hinaus.

Kaum war er zur Tür heraus, da erwachten die wilden Tiere, und alle Wächter brüllten und schrien durcheinander und wollten ihn packen Aber die Adlermädchen hatten ihn schon gegriffen und flogen ihn wieder in ihr Haus zurück. Dort verbrachte er noch eine Weile mit den drei Mädchen, bat sie aber schließlich, ihn wieder zu dem Kreuzweg zu bringen, wo er sich von seinen Brüdern getrennt hatte. Dort wandte er sich nun zu den beiden anderen Wegen, traf in den nächsten Städten seine Brüder, den einen als Wirt eines Cafés, den anderen als Barbier. Nun freuten sie sich, wieder zusammenzusein, und machten sich gemeinsam auf den Heimweg.

Aber die älteren Brüder waren neidisch, daß ausgerechnet der Jüngste die Nachtigall Gisari gefunden hatte; es stiegen finstere Gedanken in ihren Herzen auf. Als sie an einem Brunnen Rast gehalten und sich zur Ruhe gelegt hatten, warfen die beiden Älteren den Jüngsten in den Brunnen hinunter, nahmen die Nachtigall Gisari mit dem Käfig und machten sich auf den Heimweg. Aber die Nachtigall, die immer fröhlich gesungen hatte, sang plötzlich nicht mehr. Zu Hause angekommen, wurden sie vom Vater nach dem Schicksal des Jüngsten befragt. Sie antworteten aber nur: »Er ist den Weg gegangen, von dem es keine Rückkehr gibt, mehr wissen wir auch nicht.«

Aber der Jüngste wurde auch jetzt nicht von den drei Adlermädchen im Stich gelassen. Als sie über den Brunnen flogen, rief er ihnen zu, sie möchten ihm aus seinem Verlies heraushelfen. Sie besorgten ein langes Seil, ließen es hinunter und halfen ihm wieder heraufzuklettern. Er verabschiedete sich dankbar und ging in seine Vaterstadt zurück. Als er in den

Königspalast eintrat, hob plötzlich die Nachtigall Gisari so wundervoll an zu singen, daß alle erstaunt stehen blieben und ihr hingebungsvoll zuhörten. Der Jüngste nahm die Nachtigall, ging damit zu seinem Vater und sagte zu ihm: »Schau, hier bringe ich dir das, was in deiner Moschee noch gefehlt hat. Wir wollen die Nachtigall Gisari gleich in die Moschee bringen, du wirst sehen, jetzt wird dein und unser Gebet gleich bis zum Thron Gottes dringen.« Und so geschah es, im ganzen Land gab es kein Gotteshaus, in dem man so innig beten konnte wie dort. Es war, als höbe die Nachtigall Gisari mit ihrem Gesang alle Bitten und Lobgesänge in die Höhe.

Als aber einige Monate ins Land gegangen waren, da kam ein mächtiges Schiff zum Hafen gefahren, dort war die ›Schöne der Erde‹ darinnen und forderte, daß man ihr denjenigen ausliefern solle, der ihr die Nachtigall Gisari entwendet hatte. Da wurden zunächst die beiden ältesten Söhne geschickt, sie wurden aber mit Schimpf und Schande wieder weggejagt. Als sich aber der Jüngste auf den Weg machte, da wurden rote Teppiche ausgebreitet und Fahnen auf dem Schiff gehißt. Die ›Schöne der Erde‹ fiel ihm um den Hals, es wurde Hochzeit gefeiert. Als Könige ihres Reiches sollen sie lange segensreich gewirkt haben. Die Chroniken sind voll von ihrem Lob.

Albanisches Märchen

Der verborgene Gott

Über die religiöse Dimension der Volksmärchen

»Höchst sonderbar ist die Ähnlichkeit unserer heiligen Geschichte mit Märchen«, heißt es einmal in den Aufzeichnungen von Novalis. Das ist eine merkwürdige Beobachtung, denn zunächst einmal möchten wir ja die Welt der Bibel und die Welt der Märchen deutlich auseinanderhalten. In den Märchen haben wir es mit dem alten volkstümlichen Erzählgut zu tun, die Bibel wird als geoffenbarte Botschaft verstanden, die Glauben stiften soll und einen Weg zum Heil aufzeigt. Aber Novalis hat sicher an etwas anderes gedacht. Wenn er an anderer Stelle schreibt: »Alle Märchen sind nur Träume von jener heimatlichen Welt, die überall und nirgends ist«, dann wird schon bei dem Stichwort »Traum« deutlich, daß er auch in den Märchen auf eine geheimnisvolle Kunde stößt, auf die Botschaft einer anderen Welt, die sich in einer Bildsprache zu Wort meldet. Der Mensch erfährt sich als fragendes Wesen, er möchte über sich und seinen Weg, seine Herkunft und sein Ziel, Auskunft haben. Nüchterne Informationen, wissenschaftliche Belehrungen helfen uns bei diesen Fragen wenig, im Grund verlangen wir nach Geschichten von Menschen, deren Geschehen für uns etwas Erhellendes hat und uns deshalb Schlüssel geben können für die eigenen Rätsel. Und nun ist es kaum von der Hand zu weisen, daß sowohl die Bibel wie die Märchen uns »in Geschichten verstricken«, in denen wir uns selbst wiedererkennen sollen und können. Novalis notiert sich einen Gedanken über die Möglichkeiten der Dichter: »Es ist mehr Wahrheit in ihren Märchen als in gelehrten Chroniken. Sind auch ihre Personen und deren Schicksale erfunden so ist doch der Sinn, in dem sie erfunden sind, wahrhaft und natürlich. Es ist für unsern Genuß und unsere Belehrung gewissermaßen einerlei, ob die Personen, in deren Schicksalen wir den unsrigen nachspüren, wirklich einmal lebten, oder nicht. Wir verlangen nach der Anschauung der großen, einfachen Seele der Zeiterscheinungen, und finden wir diesen Wunsch gewährt, so kümmern wir uns nicht um die zufällige Existenz ihrer äußern Figuren.«

Wenn wir uns fragen, ob die Märchen auch eine religiöse Botschaft haben, ob sie uns auch von Gott künden, dann kann eine klare und eindeutige Antwort nicht gegeben werden. Warum? Weil die Märchenüberlieferung so vielschichtig ist, so unübersehbar groß und differenziert, daß man schon genauer hinschauen muß, um Aussagen machen zu können. Schließlich haben alle Völker der Erde, alle Kulturen, alle religiösen Gemeinschaften ihre eigenen Märchen (oder doch ihre märchenartigen Geschichten). Und diese Geschichten unterscheiden sich wieder auf gravierende Weise. Da gibt es schwankhafte Märchen, die unterhalten wollen, abenteuerliche Geschichten, Liebesgeschichten, schauerliche Erzählungen, die in die Nähe der Gespenstergeschichten kommen; manche Märchen sind verwandt mit Tierfabeln oder stehen den Sagen nah, auch mit Legendenmotiven sind manche Märchen verwandt. Und es ist kaum zu übersehen, daß sich manche mythischen Traditionen in die Märchen hineingeschlichen und dort (halbversteckt) überlebt haben.

Hier soll es vor allem um die ›Zaubermärchen‹ gehen, und auch bei ihnen stehen solche im Mittelpunkt, bei denen etwas spürbar wird vom Geheimnis des Menschen. Es geht den Märchen nämlich um den Menschen, den suchenden und irrenden, den angefochtenen und manchmal hilflosen, den glückverlangenden und weiterstrebenden Menschen. Von Gott wird im Märchen verhältnismäßig selten gesprochen. Da ist vor allem von jungen Leuten die Rede, die in die Welt ziehen, um sich zu bewähren und eine Kunst zu lernen, die sie ernähren kann. Oder sie werden ausgeschickt, weil über ihre Familie oder ihre Stadt eine Not hereingebrochen ist, eine schwere Krankheit, eine Hungersnot, die schreckliche Bedrohung durch ein Untier usw. Und dann kommen Schwierigkeiten herauf, Bewährungsproben müssen bestanden werden, Kämpfe sind durchzufechten. Manchmal heißt es auch, ein langes Schweigen auszuhalten oder auf Speise zu verzichten, oder der Held wird gequält und darf sich nicht zur Wehr setzen. Aber es stellen sich auch hilfreiche Wesen ein, die bereit sind, rettende Gaben zur Verfügung zu stellen oder die geheime Winke geben, damit die unlösbar erscheinenden Aufgaben gelöst werden können.

Es ist jedenfalls auffällig, daß die meisten Märchen einen ›positiven‹ Schluß haben, daß sie gut ausgehen: Die Not wird behoben, ein verborgener Schatz gehoben, der Verzauberte wird erlöst und bekommt seine menschliche Gestalt wieder. Und am Ende der Geschichte wird sehr häufig erzählt, daß eine Hochzeit gefeiert und ein Fest begangen wird. Es ist so, als wollte der Märchenerzähler versichern: Schaut, so kann menschliches Schicksal gelingen!

Vordergründig gesehen, spielt die Sphäre des Religiösen im Märchen nur eine marginale Rolle. Da kommt schon einmal eine Kirche vor und ein Pfarrer, da wird auch manchmal ein Gebet gesprochen oder Gott angerufen, aber das sind alles wenig wesentliche ›Zutaten‹, Element der ›Ausstattung‹ zur Kennzeichnung des Lokalkolorits. Was den Märchenerzähler (und den Märchenhörer) wirklich interessiert, sind die abenteuerlichen Verwicklungen seiner ›Helden‹, sind die Begegnungen mit den zauberischen Wesen, den Hexen und Zwergen, den Königen und Schweinehirten, den Prinzessinnen und den alten weisen Frauen. Wenn jemand hilfreich eingreift, dann ist es gerade nicht Gott, sondern ein ›magischer Helfer‹, ein Tier, ein schwer definierbares Zwischenwesen.

Märchenbücher sind keine Lehrbücher, schon gar keine Religionsbücher. So reich ihr Schatz an Geschichten ist, an hintergründigen, lustigen, nachdenklichen, spannenden oder anmutigen, es sind keine Geschichten mit erhobenem Zeigefinger, keine mit moralischer Nutzanwendung, auch keine, die eine deutlich erkennbare Lehre enthalten. Und wenn sie sich dennoch in uns festsetzen, uns das ganze Leben lang begleiten, uns Spiegel vorhalten, in denen wir uns wiedererkennen können, dann ist das ein Nebeneffekt, der deutlich macht, daß die ›indirekten‹ Impulse, die unbeabsichtigten Fingerzeige oft wirksamer sind als die aufdringlichen und bewußt intendierten. Das biblische Wort »Wer Ohren hat zu hören, der höre«, könnte man auch auf die Märchen übertragen: Diese Geschichten haben mehrere Schichten. Man kann sie mit einem naiven Interesse anhören und sich über die bunte Abenteuerlichkeit freuen, man kann sich auch von ihren tieferen Schichten treffen lassen und staunend feststellen, welche Abgründe sich auftun und welche Weite sichtbar wird.

Es gibt in der Geistesgeschichte ein Phänomen, das immer wieder beobachtet werden kann: die Arkandisziplin. Neben dem Alltagswissen gibt es einen Zugang zum Geheimnis, der nicht jedem offensteht, man muß vielmehr eingeführt, eingeweiht werden. Wer Anteil an diesem Geheimnis bekommt, ist ein Eingeweihter, dem man sich anvertrauen kann. »Sagt es niemand, nur den Weisen, Weil die Menge gleich verhöhnet«, heißt es bei Goethe. Und Novalis hat auf ganz ähnliche Zusammenhänge hingewiesen, als er sich den Gedanken notierte: »Wahre Mitteilung findet nur unter Gleichgesinnten, Gleichdenkenden statt ... Jedes wahre Geheimnis muß die Profanen von selbst ausschließen. Wer es versteht, ist von selbst, mit Recht, Eingeweihter.« Die frühe Christenheit hat sich streng an ihre Arkandisziplin gehalten. Den Taufbewerbern wurde Schritt für Schritt der Zugang zu den Mysterien des Glaubens enthüllt, manches hat man ihnen erst kurz vor der Taufe erschlossen. Und wenn wir an die Verkündigung Jesu denken und seine ›Vorgehensweise‹, dann fällt uns auf, daß er vor allem Geschichten erzählt hat, die sich erst allmählich in ihrer wahren Sinntiefe erschlossen haben. Da ist zunächst vom Schatz im Acker oder von einer Einladung zu einem Fest die Rede, vom Unkraut unter dem Weizen oder von Arbeitern im Weinberg; im nachhinein entpuppen sich diese Geschichten als Schlüssel der Kernbotschaft Jesu. Er hat ›Alltagsgeschichten‹ erzählt, aus der jüdischen Überlieferung oder der Lebenswelt seiner Umgebung gewonnen, aber sie wurden zu Gefäßen seiner besonderen Botschaft.

Haben wir vielleicht eine zu geschwätzige Art, von Gott zu sprechen und müßten uns wieder um eine Arkandisziplin bemühen? Simone Weil, die französische Philosophin, die sich lange als Atheistin verstand und schließlich Christin wurde, ist jedenfalls dieser Auffassung. »Das Christentum (Katholiken und Protestanten gleicherweise) spricht zuviel von den heiligen Dingen«, sagt sie. Und sie war davon überzeugt, daß man eine symbolträchtige Bildersprache finden müßte, um die Menschen zu erreichen, sie zum Nachdenken zu bringen, um ihnen behutsam einen ›anderen Bereich‹ zu eröffnen. Gerade die Märchen, die sie – neben den Mythen – besonders liebte, schienen ihr geeignet, dem Geheimnis Raum zu schaffen. In einem Brief schrieb sie einmal: »Eine Fülle von Erzählungen der Mythologie und der Volksmärchen könnten in christliche Wahrheiten übersetzt werden, ohne daß man ihnen Gewalt antäte oder sie entstellte, indem man sie vielmehr in ein helleres Licht rückte. Und auch diese Wahrheiten fänden sich dadurch erhellt.« In den Märchen sieht sie natürlich nicht in erster Linie unterhaltsame Geschichten, die man sich zum Zeitvertreib erzählt; sie war davon überzeugt, daß sie »Schätze an Spiritualität« bergen würden.

Was heißt das aber nun konkret? An welche Märchen ist zu denken, welche Motive haben eine solche Hintergründigkeit, daß in ihnen etwas aufscheinen kann vom göttlichen Geheimnis oder von der Berufung des Menschen? Denken wir immer daran, daß die Märchen in einer Bildsprache zu uns kommen, die uns an die Sprache der Träume erinnert. Diesseitiges und Jenseitiges sind hier nicht streng getrennt, der Bereich von Leben und Tod nicht deutlich geschieden, das Wunderbare geschieht so selbstverständlich wie das Alltägliche. Alle Dinge und Wesen können als belebt erfahren werden, alles hat Stimme und kann wirksam werden.

Zunächst einmal: Die Welt, die uns das Märchen vorstellt, ist kein heiler Bereich, kein idyllisches Schlaraffenland, sondern ein Ort, wo es häufig Hunger und Not gibt, wo Ungerechtigkeit herrschen kann und Gewalt regiert. Aber die Menschen sollen sich nicht einfach mit diesem unbefriedigenden Zustand abfinden, sondern sind aufgerufen, Lösungen zu suchen, damit die Not gewendet und ein glücklicher Zustand erreicht wird. Das Märchen vom ›Wasser des Lebens‹ (KHM 97) beginnt damit, daß von der Krankheit des Königs berichtet wird; es steht so schlimm um ihn, daß »niemand glaubte, daß er mit dem Leben davonkäme«. Die traurigen Söhne treffen aber auf einen alten Mann, der zu ihnen sagt: »Ich weiß noch ein Mittel, das ist das Wasser des Lebens, wenn er davon trinkt, so wird er wieder gesund; es ist aber schwer zu finden.« Die Situation wird nicht beschönigt, doch wird ein Hoffnungszeichen gesetzt, eine Perspektive vermittelt. Nur sollen sich die drei Söhne nicht vorstellen, es wäre leicht, zu dem geheimnisvollen Ort des Lebenswassers zu gelangen.

Was wird uns durch eine solche Passage verdeutlicht? Die Welt ist erlösungsbedürftig, denn es gibt viele Dinge, die uns Kummer bereiten und das Leben schwer machen. Aber die Welt scheint auch erlösbar zu sein. Das wird zwar nicht als globale Welterlösung erzählt, sondern als die Bewältigung einer konkreten Notlage und die Lösung eines schweren Konflikts. – Etwas anderes ist dabei auch noch auffällig: Da tauchen oft immer neue Widerstände oder Widersacher auf, alles scheint immer schwieriger zu werden, aber vom ›Helden‹ wird erwartet, daß er nicht daran zweifelt: Es gibt eine Lösung, ich werde zum Ziel kommen. Das Vertrauen darf ich nicht verlieren.

Woher kommt aber dieses unverbrüchliche Vertrauen, worauf gründet es? Das Märchen geht von einem Verständnis der Welt aus, in dem es hilfreiche Kräfte gibt und Wesen, die demjenigen beistehen, der ein offenes Herz hat. Die Welt wird als große und letztlich verläßliche Ordnung geschildert. Wohl gibt es da auch Störenfriede und dunkle Mächte, aber sie behalten nicht die Übermacht und nicht ›das letzte Wort‹. Der traurige und ausweglos gewordene Mensch wird in seiner Angst und Not nicht allein gelassen. Mächte, die er nicht begreifen kann und die er nicht erwartet hat, stellen sich ein, bestärken ihn, machen ihm Mut, weisen ihm einen Weg oder retten ihn. Wie ein roter Faden zieht sich durch die Märchen eine geheime Kunde: Gib nicht auf, was auch immer passiert! Bleib mutig und verlier das Vertrauen nicht! Im rechten Augenblick wird schon der rechte Helfer kommen, oder es werden dir die nötigen Kräfte zuwachsen.

Im Märchen ›Die Alte im Wald‹ (KHM 123) wird erzählt, daß bei einem Raubüberfall in einem großen Wald einzig ein Mädchen am Leben bleibt, weil es sich hinter einem Baum versteckt hat. Aber nun weiß es nicht, wie es wieder aus der Wildnis herauskommen kann. Das Mädchen »fing an bitterlich zu weinen und sagte: ›Was soll ich armes Mädchen nun anfangen, ich weiß mich nicht zu finden in dem Wald, kein Haus ist da, so muß ich gewiß verhungern!‹ Es ging herum, suchte einen Weg, konnte aber keinen finden, bis zum

Abend, da setzte es sich unter einen Baum, befahl sich Gott und wollt' da sitzen bleiben und nicht weggehen, möchte geschehen, was immer wollte. Als es aber ein bißchen da gesessen, kam ein weiß Täubchen heruntergeflogen mit einem kleinen goldnen Schlüsselchen im Schnabel, das legte es ihm in die Hand und sprach: ›Siehst du dort den großen Baum,‹ daran ist ein kleines Schloß, das schließ mit dem Schlüsselchen auf, so wirst du Speise genug finden und keinen Hunger mehr leiden.« – Zunächst war das Mädchen von Ängsten gepackt worden, hat aber schließlich eine Gelassenheit gefunden – und dann kündigt sich eine Lösung der Not an: Es wird ihm ein Schlüssel gegeben, der die erste Not, den Hunger, endet, dann aber auch ein Bett gewährt und schließlich kostbare Kleider. – Auffällig ist, daß die endgültige Rettung nicht einfach geschenkt wird, sie muß auch verdient werden. Einem hexenhaften Wesen muß das Mädchen einen Ring entwinden, damit das Täubchen aus seiner Verzauberung erlöst werden und seine menschliche Gestalt zurückgewinnen kann. Das Mädchen »dachte, das weiße Täubchen würde kommen und den Ring holen, aber es kam nicht. Da lehnte es sich an einen Baum und wollte auf es warten, und wie es so stand, da däuchte ihm, der Baum würde weich und biegsam und senkte seine Zweige herab. Und auf einmal schlangen sich die Zweige um es herum und waren zwei Arme und wie es sich umsah, war der Baum ein schöner Prinz, der es umfaßte und herzlich küßte«.

Man könnte die elementare Zuversicht, die so oft im Märchen geschildert wird, »Seinsvertrauen« nennen. Auch wenn diese unsere Welt rätselhaft erscheint, von uns nicht wirklich verstanden werden kann und uns manchmal in Angst und Schrecken versetzt: Sie hat einen geheimen Sinn, wir fallen nicht ins Bodenlose, sondern werden aufgefangen. Von Gott ist im Märchen – wie gesagt – selten die Rede, aber diese vom Vertrauen getragene Sicht der Welt und die Hoffnung auf geheimnishaft wirksame Kräfte im Dasein sind vielleicht die entscheidenden Chiffren für den Gott, der im Märchen nicht beim Namen genannt, aber doch immer vorausgesetzt wird. Gerade dann, wenn alles verloren scheint und alle eigenmächtigen Lösungsversuche sich als unbrauchbar erweisen, taucht eine rettende Gestalt auf.

Nun wird im Märchen ja nicht nur vom Gelingen erzählt, sondern auch vom Mißlingen, es gibt das Versagen und das Verfehlen des Zieles, als sollte uns gesagt werden: die gute Lösung wird nicht einfach jedem zugeworfen, es kommt auch darauf an, wer die Chance gewährt bekommt. Der Märchenheld muß Prüfungen bestehen und sich bewähren. Dabei ist auffallend, daß andere Maßstäbe angewandt werden als sonst bei der Beurteilung von Menschen. Gewöhnlich ist es nicht der ›Kluge‹ und Intelligente, der selbstsicher Auftretende und der allgemein als Hoffnungsträger angesehene, dem schließlich die Lösung gelingt, sondern gerade der ›Dummling‹, der von den Tüchtigen und Weltklugen verachtet wird, weil er nicht so sehr mit seinen Geistesgaben prunken oder mit Körperkräften angeben kann. Aber er hat einen unverstellten Blick, kann instinktsicher handeln und weiß um die Grenzen seiner eigenen Möglichkeiten. – Das Märchen scheint den Klugen und Selbstsicheren sogar zu mißtrauen und macht dabei auf eine Urgefahr des Menschen aufmerksam: Wer zu sehr auf sein Können und seine vernunftgeführte Einsicht vertraut, der kann für andere Bereiche des Daseins blind werden und verrennt sich nur zu leicht. Wer nicht auf dem hohen Roß des Besserwissers sitzt, sondern lernfähig und veränderungsbereit bleibt, der kann auch neue Chancen wahrnehmen. – Es ist auffällig, daß der Held oder die Heldin des Märchens in vielen Fällen nicht strahlende Lichtgestalten sind, mit allen Vorzügen ausgestattet, sondern unscheinbare Wesen oder sogar scheinbare Versager. Aber der ›Dumme‹ erweist sich als der in Wahrheit Kluge, die ›Schlafmütze‹ ist zur rechten Zeit hellwach, der Benachteiligte kommt vor dem Bevorzugten ans Ziel. Die strahlenden Heldentypen versagen, und die hinkenden Dümmlinge kommen ihnen zuvor.

Ist das nun eine Vertröstung derer, die von der Natur benachteiligt wurden, damit sie nicht den Eindruck bekommen, immer den Kürzeren zu ziehen? Oder waltet hier das Prinzip der ausgleichenden Gerechtigkeit? Auch der soll ermutigt werden, der im Vergleich zu anderen hintanstehen muß. – Aber vielleicht geht es auch um die Betrachtung der Wirklichkeit von einem anderen Standpunkt her. Unser herkömmliches Erfolgsprinzip ist möglicherweise gar nicht so stimmig. Hier wird eine geheimnisvolle Instanz geahnt, die mehr Faktoren in die Betrachtung und Beurteilung einbezieht als unsere Schulweisheit. Die Lauterkeit und die Offenheit des Herzens bekommen einen höheren Stellenwert als die Cleverness und die Pfiffigkeit.

Ein bevorzugtes Kriterium in der Kennzeichnung von Menschen ist im Märchen die Frage, ob einer einfühlsam und behutsam mit den Dingen und Wesen umgehen kann. Für das Märchen ist die Welt ein zusammengehöriger Bereich, in dem alles mit allem in Verbindung steht. Ein unausgesprochenes Gesetz lautet: Du bist verantwortlich! Ein Mädchen kommt zu einem Backofen und wird vom Brot angerufen: »Ach, zieh mich raus, zieh mich raus, sonst verbrenn ich; ich bin schon längst ausgebacken.« Das Mädchen könnte sich herausreden, daß es ja nicht ›zuständig‹ sei, daß es die Brotlaibe nicht in den Ofen geschoben habe. Aber es ist offensichtlich niemand da; wenn jetzt nicht gehandelt wird, dann verbrennt das Brot. Wer jetzt das tut, was zu diesem Zeitpunkt getan werden muß, der hat die Prüfung bestanden und sich für größere Aufgaben qualifiziert.

In besonderer Weise wird der Wanderer im Märchen von den Tieren angerufen. Als die drei Brüder in dem Märchen ›Die Bienenkönigin‹ (KHM 2) in die Welt ziehen, stoßen sie auf einen Ameisenhaufen, den die beiden Ältesten aufwühlen wollen, um den ängstlichen Tieren zusehen zu können, wie sie ihre Eier in Sicherheit zu bringen suchen. Der dritte Bruder, von dem seine älteren sagen, mit seiner Einfalt könne er sich nie und nimmer durch die Welt schlagen, sagt: »Laßt die Tiere in Frieden, ich leid' nicht, daß ihr sie stört.« Auf die gleiche Weise rettet er auch die Enten davor, daß ihnen die Hälse umgedreht werden, und die Bienen, daß man sie verbrennt. Aber gerade diese Tiere erweisen sich im weiteren Verlauf der Geschichte als dankbar, sie helfen die Aufgaben zu lösen, die von den Brüdern nicht bewältigt werden konnten.

Diese Geschichte ist nicht nur deshalb wichtig, weil sich darin ein Respekt vor der Tierwelt ausspricht, eine Hochachtung vor ihrem Lebensrecht, es wird auch schon die gegenseitige Abhängigkeit der Schöpfung geahnt. Jeder Eingriff in das, was wir heute die ökologische Ordnung und das labile Gleichgewicht der Natur nennen, wirkt sich ja unheilvoll aus. Greifen wir störend in das Lebensgefüge der Pflanzen und Tiere einer Region ein, hat das Auswirkungen für unsere eigene Lebenswelt. Weil wir in der Natur einen komplizierten großen Zusammenhang vorfinden, deshalb muß es zu einem Gefühl der Solidarität kommen, damit die Schöpfung nicht mißhandelt und vergewaltigt wird. Wenn wir die Gewässer vergiften und die Luft verpesten, die Bäume sterben lassen und die Vielfalt der Arten bedenklich dezimieren, dann schaden wir ja nicht nur den Pflanzen und Tieren, sondern uns selbst. In seiner Bildersprache weiß das Märchen um diese Zusammenhänge seit eh und je. Wenn es zu den besonders häufigen Märchenmotiven gehört, daß ein Mensch die Sprache der Tiere lernt und jetzt in den Dialog der Tiere hineinhorchen kann, dann mag das auch auf diese Aufgabe hinweisen: Wie wichtig ist für uns Menschen, mit der übrigen belebten Schöpfung im Einvernehmen zu stehen und ihre Sprache, ihre Sorgen und Nöte zu verstehen!

Das Unverständnis für die Not anderer Wesen, das Nichthören- und Nichtsehenwollen bedeutet also auch ein entscheidendes Versagen auf dem Lebensweg des Menschen, der ja immer auch ein Reifungsweg ist. Wer sich dagegen anrühren läßt und zu einem helfenden Handeln bereit ist, dem kommen auch selbst geheimnisvolle Wesen zu Hilfe und stehen ihm bei.

Es ist keine zugesperrte und abgeschlossene Welt, die im Märchen aufscheint. An allen Ecken und Enden öffnen sich Türen und Zugänge zu neuen Dimensionen. Eine Falltür wird entdeckt und erschließt einen ungeahnten Tiefenbereich, mit Gärten und Dörfern und Schlössern. Durch einen Brunnen gelangt die ›Goldmarie‹ in eine andere Welt, ein unabsehbarer Wald kennzeichnet oft den Grenzbereich zwischen der Welt der Lebenden und der Toten. Und mancher Märchenheld klettert auf einen Baum, dessen Krone bis in den Himmel reicht, und er gelangt in silberne und goldene Regionen. – Aber zunächst einmal gilt es, Zäune und Mauern zu überwinden, versperrte Tore zu öffnen, Dornenhecken zu durchdringen, auf gläserne Berge zu klettern. Der Mutige läßt sich davon nicht abhalten, die Widerstände und Barrieren stimulieren geradezu die menschlichen Kräfte und fordern den Einfallsreichtum und die List heraus. Alles, was existiert, weist über sich hinaus, führt uns zu anderen Dimensionen und zeigt uns neue Wege. Die Geschichten haben eine Hoffnungsbotschaft: Finde dich nicht mit dem ab, was du vorfindest, resigniere nicht so schnell, wenn du auf Widerstand stößt! Geh auf die Suche, bis du eine Lösung des Rätsels findest, bis du einen Helfer entdeckst, der dir beisteht und dir einen Weg in den geheimnisvollen Bereich weist!

Wenn wir an das Ende dessen geraten, was wir mit unserem Verstand begreifen, sind wir noch lange nicht an das Ende schlechthin geraten. Das Märchen erzählt gerne von seltsamen Zwischenwesen, von Gnomen und Zwergen, von Elfen und sprechenden Tieren, manchmal wird auch nur eine Stimme hörbar, von der man gar nicht weiß, woher sie kommt. Geheimnisvolle alte Frauen und alte Männer können Weisungen geben, Einsiedler lenken den Blick auf verborgene Zusammenhänge. Diese Gestalten tauchen gerade dann auf, wenn wichtige Entscheidungen zu treffen sind oder scheinbar unlösbare Aufgaben angepackt werden sollen. Man weiß nicht um ihre Herkunft, meist verschwinden sie wieder, wenn sie ihren Rat gegeben haben. Aus einem unbegreiflichen Dunkel kommen sie, führen auch manchmal in eine geheimnisvolle Zone zwischen Leben und Tod, zwischen Tag und Nacht, sie prüfen die Gesinnung, entlassen aber wieder in die gewohnte Menschenwelt. – Wir wollen diese Zwischenwesen nicht gleich als engelhafte Wesen und göttliche Boten ansehen; aber sie machen deutlich: Die Welt ist tiefer und hintergründiger, als sie unseren Augen und unserem Verstand erscheint. Sie ist durchzogen von Kräften und Mächten, die uns das Leben erschweren und erleichtern können. Uns wird signalisiert: Bei einer eindimensionalen Betrachtung dürfen wir nicht stehenbleiben. Die vielen Fragen, mit denen wir uns herumplagen, bleiben zwar bestehen, aber es scheint da Antworten zu geben, die wir erst finden, wenn wir geduldig und unerschrocken weitergegangen sind. Es soll aber keiner meinen, es gäbe in unserer Welt nur freundliche Wesen, die uns fördern und helfen wollen. Mindestens ebensohäufig tauchen im Märchen auch die trügerischen und boshaften Gestalten auf, manche sind unberechenbar und man muß sie hart anpacken, damit sie einen nicht verderben. Und es ist auch nicht nur Schönheit und Güte, die uns gezeigt werden, auch die abgründige Bosheit und Häßlichkeit werden uns vorgestellt. Es gibt offensichtlich die dunklen und die hellen Mächte, mit allem müssen wir rechnen.

Da gerät ein Mädchen in die Fänge einer alten Zauberin und wird in eine Nachtigall verwandelt; und es wird schwer sein, sie wieder in ihre menschliche Gestalt zurückzubringen. Da jagt ein junger König einem Reh nach und gerät an eine Hexe, die ihn zu einem Stein werden läßt. Die drohende Verzauberung und die Umwandlung in ein Tier, eine Pflanze oder gar in einen Stein sind ja Lieblingsmotive vieler Märchen. Da tauchen Bären oder Füchse auf, die eigentlich verzauberte Königssöhne sind und die Hoffnung haben, ihre wahre Gestalt zurückzubekommen. Es scheint gar nicht so leicht zu sein, den Hexen und Zaubermeistern, üblen Trollen und finsteren Magiern zu entkommen.

Wir dürfen es nie vergessen: Die Märchen kommen in einer symbolträchtigen Bildsprache zu uns. Bei dem Motiv der Verzauberung darf uns durchaus manches einfallen aus unserer unmittelbaren Erfahrung. Erleben wir es nicht oft genug, daß Menschen in einer ›Verpuppung‹ steckenbleiben und nicht zu ihrer wahren Gestalt kommen, daß sie sich regressiv entwickeln statt nach vorn, daß sie geistig erstarren, sich einigeln, unansprechbar werden, gleichsam versteinern? Der Mensch ist ein gefährdetes Wesen, das sich verrennen und in Sackgassen geraten kann. Und kommt es nicht manchmal vor, daß die eigene Mutter die positive Entwicklung ihrer Kinder behindert, daß der Vater sein Kind so ängstigt oder überfordert, daß es erstarrt und nicht mehr wirklich ansprechbar wird?

Wenn das Märchen von solchen zauberischen Verwandlungen erzählt, dann warten wir schon darauf, daß diese Verwünschung rückgängig gemacht wird und die Dinge wieder ›in Ordnung‹ kommen: der in Tiergestalt verwandelte Mensch muß wieder seine wahre Gestalt zurückbekommen. Alles tendiert nach Erlösung, diese Grundstimmung des Märchens kann uns nachdenklich machen. Es gibt also erlösende Kräfte, der Durchbruch kann gelingen, der Zauberbann wird durchbrochen. Aber die Geschichten machen auch deutlich: Mit den eigenen Kräften und allein mit gutem Willen gelingt das nicht. Es muß jemand von außen kommen, muß dazu ›berufen‹ sein – und er braucht den Beistand eines geheimnisvollen Helfers. Der Retter und Heilbringer ist durchaus ein menschliches Wesen, kein himmlischer Götterbote. Und es wird von ihm auch nicht immer eine große kämpferische Leistung verlangt, sondern eher die Bereitschaft zu einem verborgenen Dienst. Als die Schwester der ›Sechs Schwäne‹ (KHM 49) hört, daß sie ihre verzauberten Brüder nur unter schwierigen Bedingungen erlösen könne, ist sie sofort zu diesem Engagement bereit. »Die Bedingungen sind schwer. Du darfst sechs Jahre lang nicht sprechen und nicht lachen und mußt in der Zeit sechs Hemdchen für uns aus Sternenblumen zusammennähen. Kommt ein einziges Wort aus deinem Munde, so ist alle Arbeit verloren.« – Aber manchmal muß auch ein wirkliches Opfer gebracht werden. Das Schwesterchen der ›sieben Raben‹ (KHM 25) hat endlich erfahren, wie es seine sieben Brüder erlösen kann und hat vom Morgenstern ein ›Hinkelbeinchen‹ bekommen, um den Glasberg aufschließen zu können. Als es aber endlich beim Glasberg ankommt, hat es das Hinkelbeinchen verloren, und es scheint nun keine Möglichkeit zur Rettung der Brüder zu geben. »Das gute Schwesterchen nahm ein Messer, schnitt sich ein kleines Fingerchen ab, steckte es in das Tor und schloß glücklich auf.« Das Mädchen muß also von sich selbst etwas abgeben, es muß zum Opfer bereit sein, dann gelingt die Erlösung. Der Glasberg steht im Märchen für den Grenzbereich zum Tod. Wer darin ist, gehört nicht mehr richtig zu den Lebenden, aber auch noch nicht zu den Toten. Wer bereit ist, sich dem gläsernen Berg zu nähern, gerät damit selbst in die Todeszone und muß damit rechnen, nicht mehr ins ›Land der Lebenden‹ zurückzukehren. Die Bereitschaft zum Opfer ist die Voraussetzung, daß die Rückverwandlung der Raben gelingt.

Erlösungsbedürftig sind wir Menschen alle, das Märchen erzählt zwar nicht von einer großen umfassenden Welterlösung, dafür aber in vielen Variationen vom erlöserischen Tun der Menschen untereinander. Und weil keiner sich selbst erlösen kann, deshalb muß einer für den anderen eintreten, wenn er plötzlich vor diese Aufgabe gestellt ist. Nur die gegenseitige Hilfestellung ermöglicht die Menschwerdung des Menschen. »Er schaut heimlich und scheu nach einem Ja des Seindürfens aus, das ihm nur von menschlicher Person zu menschlicher Person werden kann; einander reichen die Menschen das Himmelsbrot des Selbstseins«, so heißt es bei Martin Buber.

Aber es muß noch etwas dazukommen. Der Mensch, von dem andere ein heilbringendes Tun erwarten, muß eine Offenheit haben für die Kräfte des ›anderen Bereichs‹, er muß sich helfen lassen von Wesen, über die er nicht verfügen kann, die ihm aber nahe sind und beistehen. Oder er muß sich mit List die Gaben erwerben, die ihn zum Ziel führen. In der Grimm'schen Urfassung des Märchens vom ›Teufel mit drei goldenen Haaren‹ (KHM 29) wird erzählt, daß ein junger Holzhacker eine Prinzessin, in die er sich verliebt hat, nur heiraten kann, wenn er »die drei goldenen Haare bringt, die der Teufel auf dem Kopf hat«. Er muß also ›zur Hölle gehen‹, und der König hofft natürlich, daß er nie mehr daraus entlassen wird. Nun meint das Märchen weder den Teufel noch die Hölle in unserem Verständnis. Es ist vielmehr das Totenreich gemeint und der Herrscher der Unterwelt. Der Holzhacker soll sich also in das Reich der Toten hineintrauen, um dem dortigen Machthaber etwas von seiner Kostbarkeit zu rauben: die goldenen Haare. Wahrscheinlich steht der Gedanke dahinter, daß in der Erdtiefe, wo man das Totenreich vermutet hat, auch die Schätze verborgen liegen, das Gold und das Silber und die Edelsteine. – Auf dem Wege dorthin wird unser junger Mann mit der ›Not der Welt‹ konfrontiert und immer wieder um Hilfe angerufen. In der einen Stadt wird er gebeten: »Mach unsere Prinzessin gesund, die kein Arzt in der Welt curiren kann.« – In der zweiten Stadt wird er gefragt: »Sag uns, warum unser schöner Marktbrunnen vertrocknet ist?« – In der dritten Stadt schließlich fragt ihn ein Mann: »Sag mir, warum der Feigenbaum welkt und keine Früchte trägt?« Der Holzhacker weiß die Lösung nicht, aber er verspricht, bald wiederzukommen und die Hilfe zu leisten. Als er beim ›Teufel‹ angekommen ist, hat er die aufgetragenen Problemfälle nicht vergessen, er gewinnt die goldenen Haare und erfährt die Gründe für das Unglück der Menschen in den Städten. Auf dem Heimweg kann er dafür sorgen, daß der Baum wieder blüht und Früchte trägt, der Brunnen wieder zu sprudeln beginnt und die Prinzessin wieder gesundet. Er ist zum ›Heilbringer‹ geworden, kann die Ursachen der Unglücksfälle erkennen und dafür Sorge tragen, daß die Dinge wieder in Ordnung kommen. Daß der Feigenbaum für den Lebensbaum steht und der Marktbrunnen für das Lebenswasser, versteht sich von selbst. Die Menschen waren in die Krise geraten, sie hatten den Zugang zu den ›Quellen‹ verloren, der Lebensbaum, der die Verbindung zwischen Himmel und Erde symbolisiert, war vertrocknet, konnte keine Früchte mehr spenden. Und die Prinzessin, die Repräsentantin der Zukunft, war krank geworden und drohte zu sterben. Wenn aber die Menschen keine Zukunft mehr haben, dann verlieren sie die Hoffnung und die Zuversicht. Da muß jemand kommen, der mehr sieht als die übrigen, der mehr Kräfte hat, damit das Schicksal gewendet werden kann.

In den Märchen ist von Gott selten die Rede, er tritt nicht selbst auf und zeigt sich nicht, aber seine geheimnisvolle Stimme ist doch zu vernehmen, wenn sie auch auf indirekte Weise erklingt. Sein Arm greift nicht ein, aber er scheint Repräsentanten zu haben, die gleichsam in seinem Auftrag tätig werden. Und immer wieder läßt sich erkennen, daß im Märchen die Hoffnung auf Erlösung und Heilung der Welt durchbricht, nicht als religiöse Botschaft im wörtlichen Sinn, sondern als mitschwingender Grundklang.

Es fällt immer wieder auf, daß im Märchen eine hohe Meinung vom Menschen zum Vorschein kommt. Er ist zu Hohem berufen, es steckt so viel an Möglichkeiten und Potenzen in ihm, er muß nur die rechten Entscheidungen treffen, die innere Offenheit haben und den nötigen Mut, dann kann er auch als einfacher Hirte oder als armes Aschenputtel zu königlichen Würden aufsteigen und herrscherliche Aufgaben übernehmen. Aber er ist immer auch das bedrohte Wesen, kann versagen und seiner Berufung untreu werden. Vor allem dann, wenn er egoistisch ist, nur an sein eigenes Vorankommen denkt, wenn seine Wünsche ins Maßlose wachsen, stürzt er in den Abgrund. Über die Wünsche, die im Märchen manchmal den Menschen freigegeben werden, schreibt Simone Weil einmal: »Das Gefährliche an den Wün-

schen ist, daß sie erfüllt werden.« Wer sich nur von seinen
Wünschen leiten läßt, wer unkritisch dem Antrieb seiner
Wunschvorstellungen und seiner Phantasie folgt, der ist
schnell in Gefahr, die falschen Ziele anzusteuern und das uns
gemäße Maß zu verlieren. »Tiefe Weisheit, in den Märchen
über die Wünsche«, notiert sich Simone Weil in ihr Tagebuch. »Der Fischer, der Herr sein will, dann König, Kaiser,
Papst und schließlich Gott ... und wieder zum Fischer wird.«
Und sie zieht daraus die Folgerung: »Die Lehre daraus ist,
daß der Ehrgeiz unbegrenzt ist, während die realen Möglichkeiten es niemals sind; und über diese hinausgehen heißt
stürzen.« Wir wissen so wenig über das, was uns gut tut und
was wir verantworten können, wieviel Macht zu verwalten
wir in der Lage sind. Das Märchen macht uns auf gewissermaßen ironische Weise deutlich, wie dumm und gedankenlos unsere Wünsche manchmal sind, die den Wünschenden
gleich selbst gereuen, kaum daß sie ausgesprochen sind, die
man aber nicht rückgängig machen kann. Simone Weil zieht
daraus den Schluß: »Sinn der Märchen über die Wünsche
(wo man nach drei Wünschen wieder genau da ist, wo man
vorher war): alle Menschen haben auf Erden das, was sie
begehren.«

In einigen Märchen wird ganz unbefangen erzählt, Gott sei
in menschlicher Gestalt auf die Erde gekommen, um die
Menschen zu erproben, ob sie gastfreundlich seien oder
nicht. Man muß allerdings gleich dazu sagen, daß diese Märchen Legendencharakter haben und auf Motive zurückge-
hen, die schon in der Antike verbreitet waren. Gott kommt
›incognito‹, von seiner Macht und Herrlichkeit ist nichts zu
spüren, in unscheinbarer Gestalt klopft er an die Türen der
Menschen und bittet um Quartier. Im Märchen vom Armen
und vom Reichen (KHM 87) wird berichtet, der Reiche sei
bei all seinem Reichtum hartherzig gewesen, und trotz seines prächtigen Hauses sei für den wandernden Gott kein
Platz gewesen. Der Arme dagegen nimmt den Fremden mit
seinen schlichten Kleidern auf und tritt ihm sogar sein Bett
ab. So wundert es uns nicht, daß der Arme die drei freien
Wünsche sinnvoll anwenden kann, während der Reiche, der
sich nachträglich ebenfalls eine solche Gabe erbittet, sie
nicht zu seinem Heil anwendet, sondern sich lächerlich

macht. Das Märchen ist natürlich nicht an einer ›Götterkunde‹ interessiert, sondern will ein Loblied auf die Gastfreundschaft singen. Wer gastfreundlich ist, wer ein freigebiges Herz und eine hilfreiche Hand hat, der wird vielleicht sogar einmal den verborgenen Gott in seinem Haus aufnehmen. Aber der gibt sich erst im nachhinein zu erkennen.

Ein Blick auf die Schlußszene oder die abschließende Formel eines Märchens ist sehr aufschlußreich. Womit werden wir als Zuhörer entlassen? Das bedrängende Problem ist gelöst, die Macht des bösen Zauberers gebrochen, der Drache besiegt. Was wichtiger genommen wird: Der Verzauberte hat seine menschliche Gestalt zurückgewonnen, die Liebenden finden sich wieder nach der langen Trennung. Nun muß ein Fest gefeiert und die Hochzeit begangen werden. Die Tische biegen sich von all den kostbaren Speisen, die Gäste strömen aus allen Richtungen zusammen. Der alte unfähige König muß abtreten, der junge Hoffnungsträger darf den Thron besteigen. – Wenn man diese Bilder genauer betrachtet, kann man feststellen: Sie haben alle eine gewisse Nähe zu den biblischen Aussagen, zu den messianischen Hoffnungsbildern der Propheten und der Verkündigung Jesu. Auch da wird eine eschatologische Perspektive eröffnet: Die dunklen Mächte werden besiegt sein, die Erwählten sind zu einem großen Fest geladen, dürfen mit dem Messiaskönig auf dem Thron sitzen, bekommen Anteil am Wasser des Lebens und an den Früchten des Lebensbaumes. Und dieses endzeitliche Fest wird das himmlische Hochzeitsmahl genannt. Vielleicht kann man sagen: Das Märchen kennzeichnet all die menschlichen Sorgen, skizziert die Sehnsüchte nach Heil und Rettung und erzählt schon einmal Hoffnungsgeschichten, damit der Mensch auf seinem Weg nicht resigniert, sondern Ausschau hält, von wo ihm Rettung kommen kann. Theoderich Kampmann hat die Märchen den ›adventlichen Vorhof des Evangeliums‹ genannt, sie bringen nicht das Heil, aber sie geben unseren Erwartungen Ausdruck. Wer mit den Bildern der Märchen umgeht, der versteht den heilsuchenden Menschen besser, er ahnt auch seine religiösen Hoffnungen. Von Gott braucht im Märchen nicht gesprochen zu werden, aber er ist als verborgene Wirklichkeit immer vorausgesetzt, er geht gleichsam mit den Gestalten mit – und erwartet sie am Ende.

Die Reise zur Sonne

In einem kleinen Dorf an der Küste wohnte eine Witwe mit ihren drei Kindern. Die beiden Mädchen waren tüchtig und geschickt, sie konnten der Mutter bei der Arbeit helfen und trugen zum Unterhalt bei; der Junge aber war so tollpatschig, als hätte er zwei linke Hände; was er auch anpackte, das mißriet ihm, er mochte es anstellen, wie er nur immer wollte. So war es nicht verwunderlich, daß er von den anderen ausgelacht wurde und darüber selbst den Mut verlor. Er schien zu keiner Arbeit zu taugen, wie sollte er sich da über sein Leben freuen können?

Eines Tages verabschiedete er sich von seiner Mutter und seinen Schwestern und beschloß, in die Welt zu wandern, um zu sehen, ob er dort irgendwo einen Platz finden könnte, ob er irgendwo gebraucht würde. Als er aber zu einem großen Bauernhof kam und dort fragte, ob man nicht einen Helfer nötig hätte, da hetzten sie die Hunde auf ihn und ließen ihn nicht einmal das Haus betreten. – Unverdrossen wanderte er weiter und fand schließlich einen Hof, wo man ihn aufnahm und ihm das Amt des Rinderhirten gab. So zog er am frühen Morgen mit den Tieren auf die Weide, und er mußte dafür sorgen, daß sie das rechte Futter fanden und auch eine Tränke für ihren Durst. Aber er bekam nur das nötigste Essen, jedoch keinen Lohn, so daß er sich nicht einmal eine neue Joppe kaufen konnte.

Als er einmal traurig auf der Weide saß und daran dachte, daß er nicht einmal einen Freund hatte, mit dem er sich unterhalten könnte, hörte er eine Stimme, die ihn bei seinem Namen rief. Er schaute sich um, konnte aber niemand entdecken. Er nahm an, daß er sich getäuscht hätte, aber da rief ihn die Stimme wieder an. Nun stand er auf und lief überall herum, bis er zu dem Stier seiner Herde kam, der sagte zu ihm: »Es nutzt dir nichts, immer nur traurig hier zu sitzen und Trübsal zu blasen. Mach dich auf den Weg, geh zur Sonne und frag sie, ob sie dir nicht etwas gegen deine Traurigkeit geben kann.« – »Ja, aber wie komm ich denn zur Sonne?« – »Da kann ich dir auch keinen Rat geben. Ein weiter

Weg ist es sicher, aber wenn du den Mut nicht verlierst, dann wirst du ihn sicher finden.«

Nun wanderte der Junge wieder durch das Land, fragte in den Städten und den Dörfern nach dem Weg zur Sonne. Aber man lachte ihn nur aus und sagte ihm, er sei wohl nicht recht gescheit, kein Mensch könne jemals zur Sonne gelangen. Eines Abends kam er müde und hungrig zu einer einsamen Hütte und klopfte dort an. Ein alter Einsiedler saß darin und hieß ihn eintreten. »Das ist schön, daß du mich in meiner Klause besuchst. Wen suchst du denn hier in der Einöde?« – »Lieber Vater, ich suche die Sonne und weiß nicht, wie ich zu ihr kommen kann.« – »Mein lieber Sohn, da hast du dir aber etwas Schwieriges vorgenommen. Bleib heute nacht bei mir, iß und trink und leg dich schlafen. Morgen schick' ich dich zu einem anderen Einsiedler, der ist viel älter als ich, vielleicht kann er dir einen Rat geben.

Am nächsten Morgen bekam der Junge noch ein Brot und eine Flasche mit Wasser auf den Weg, und er lief den ganzen Tag durch eine verlassene Gegend. Am Abend kam er wieder bei einer Hütte an, die von einem Einsiedler bewohnt war, dessen Bart ihm bis zu den Knien reichte. Er klopfte und trat ein, der Alte fragte ihn, was ihn denn hierher in die Wüstenei geführt habe. »Lieber Vater, könnt ihr mir den Weg zur Sonne zeigen? Ich weiß, der Weg dorthin ist weit, aber ich muß nun einmal zu ihr hinkommen.« – »Lieber Sohn, bleib erst einmal als mein Gast in dieser Hütte, iß dich satt und schlaf dich aus. Morgen schick' ich dich zu einem Mitbruder, der noch viel älter ist, vielleicht kann der dir die nötige Auskunft geben.«

Und weiter ging die Reise am nächsten Tag, auf steinigen Wegen schleppte sich dahin, bis er am Abend im steilen Gebirge auf eine Hütte traf. Der Einsiedler darin hatte einen eisgrauen Bart, der bis zur Erde reichte, auch er fragte: »Wen suchst du denn in dieser leblosen Welt?« – »Ich hab' mir vorgenommen, die Sonne aufzusuchen, weil ich sie etwas Wichtiges fragen muß. Kannst du mir sagen, ob ich auf dem rechten Weg bin?« – »Mein lieber Sohn«, gab der Alte zur Antwort, »vielleicht kommst du wirklich hin. Ich gebe dir einen Rat: Nimm diese Nadel und geh den Weg weiter ins Gebirge. Irgendwann wirst du einen Löwen brüllen hören, geh ohne Angst zu ihm hin und sag zu ihm: ›Lieber Löwe, dein Gevatter Einsiedler schickt dir viele Grüße, und als sein Bote habe ich eine Nadel bei mir, damit werde ich dir den Dorn aus deiner Pranke ziehen, damit du wieder herumlaufen kannst. Zum Dank dafür mußt du mich zur Sonne führen und mich ein Gespräch mit ihr führen lassen.‹«

Alles geschah so, wie es der Einsiedler gesagt hatte. Der Junge zog dem Löwen den Dorn aus der Pfote und wurde von ihm zu einem mächtigen Wasser geführt, das ganz schwarz aussah. Bevor die Sonne aufging, erschien ein gewaltiger Drache. Der Löwe sagte zu ihm: »Hier kommt einer, der mit der Sonne reden will, du mußt ihm helfen, daß es gelingt und er von den Strahlen der Sonne nicht verbrannt wird.« Da rief der Drache: »Spring rasch ins Wasser und krieche unter meine Flügel, dann werden dir die Sonnenstrahlen nichts antun.« Mit einem Satz hüpfte der Junge ins Wasser und schlupfte unter die Flügel des Drachen. – Nun ging die Sonne in ihrer ganzen Herrlichkeit auf, und der Drache sagte dem Jungen: »Jetzt kannst du mit der Sonne reden.« – »Liebe Sonne, einen langen Weg hab' ich auf mich genommen, um mit dir sprechen zu können. Sag mir, warum hab' ich zwei linke Hände, warum muß ich immer allein sein und habe keine Freunde? Warum lachen mich die Menschen aus und nehmen mich nicht ernst? Nur du kannst mir helfen, daß ich meinen Platz in der Welt finde.« – »Streck deine Hände heraus«, sagte die Sonne, »damit ich sie bestrahle.« – »Tu es nicht«, sagte der Drache, »sonst werden deine Hände vom Sonnenfeuer verbrannt.« Aber der Junge streckte seine Arme doch der Sonne entgegen. Er spürte die Wärme, aber sie war wohltuend. Es war ihm, als käme eine große Kraft in seine Arme und Hände. – Nun war die Sonne schon hoch gestiegen, aber sie rief dem Jungen noch zu: »Nun geh wieder zurück zu den Menschen, du wirst sehen, daß du deinen Platz in der Welt finden wirst.«

Fröhlich machte sich der Junge auf den Heimweg. In seinen Händen spürte er eine solche Kraft, daß er es gar nicht erwarten konnte, eine schwere Arbeit anzupacken. Und in seinem Herzen hatte er so viel Mut, daß er sicher war: Jetzt wird mir das Leben gelingen.

Nach Motiven eines italienischen Märchens

Das Schicksal kann sich wenden

»Als es Mitternacht wurde, kamen drei Nymphen und setzten sich unter dem Baum nieder, in dessen Gezweig sich ein armer und hilfloser Wanderer versteckt hatte. Die eine begann zu sprechen: ›Wenn die Menschen wüßten, was ich weiß, sie könnten viel glücklicher leben ...‹ – Die zweite Nymphe entgegnete: ›Richtig, aber keiner weiß, was du weißt ...‹«[1] Und so plaudern alle drei ein Geheimnis aus, das nur der arme Wanderer auf dem Baum mitbekommt. Er aber spitzt seine Ohren, und dieses geheime Wissen trägt dazu bei, daß sich sein Schicksal wenden kann: er kann sein Glück machen und seinen Platz in der Welt finden.

Warum aber kommen die hilfreichen Feen und geheimnisvollen Nymphen nur in den Märchen zu uns, um die große Chance anzukündigen und einen Ausweg aus der Not zu weisen? Nun, vielleicht kommen sie ja auch noch zu uns heutigen Menschen, aber wir sind zu unaufmerksam und bemerken nicht die Winke und Weisungen, so daß wir auch nicht die sich öffnenden Türen bemerken, die uns in bisher unbekannte Bereiche führen könnten. – Es ist auffällig, daß auch im Märchen nicht jeder in das Reich seiner Sehnsucht gelangt und seine Hoffnungen erfüllt bekommt. Viele ziehen aus, um das ›Wasser des Lebens‹ zu finden oder die Prinzessin vom goldenen Berg zu erlösen, aber es gelingt nur dem, der hellhörig ist, der nicht nur an sich und seine eigene Karriere denkt, sondern sich auch von der Not anderer Menschen und Tiere bewegen läßt und zur Hilfe bereit ist. Das Märchen scheint uns zu sagen: Wer ein fühlendes Herz hat, der wird auch selbst helfende Hände finden. Wer nur an sich denkt, dem begegnen keine Helfer, der gerät bald in eine Sackgasse und isoliert sich selbst.

Aber es kommt noch etwas dazu: Wir Menschen müssen davon überzeugt sein, daß wir nicht zu einem von vornherein feststehenden Schicksal verurteilt sind, sondern daß es auch von uns selbst abhängt, wie sich unser Lebenslauf entfaltet. Es scheint eine Urgefahr zu geben, daß wir nämlich in eine fatalistische Haltung hineinfallen und uns mit den vorgefundenen Gegebenheiten unseres Daseins abfinden. Wenn einer sagt: »Bei mir ist nichts zu machen, ich hab eine so miese ›Eintrittskarte‹ in die Welt bekommen, daß mir nur die Verzweiflung bleibt«, dann kann sich allerdings nichts ändern.

I.

In der Antike waren die Menschen davon überzeugt, geheimnisvolle Schicksalsgöttinnen würden jedem Menschen sein Schicksal, seinen ›Lebensfaden‹ zuspinnen. Die alten Griechen nannten sie ›Moiren‹, die Römer ›Parzen‹ und die Germanen ›Nornen‹. Immer hat man sie sich als Spinnerinnen vorgestellt, und immer hatten sie Macht über das menschliche Schicksal. – Bei dem griechischen Dichter Hesiod heißt es in seiner Theogonie:
»Klotho und Lachesis und auch Atropos sind die Moiren, die da den Menschen bereits bei der Geburt ihr Glück und Unglück bestimmen.«[2]
So mächtig hat man sie empfunden, daß ein Streit darüber entstehen konnte, ob Zeus, der Vater der Götter, über ihnen stünde oder ebenfalls ihrem Schicksalsspruch ausgesetzt sei. Immerhin wurden in der mythischen Überlieferung Geschichten erzählt, in denen auch den Moiren ein Streich gespielt wurde. Als nämlich Alkestis bereit war, für ihren Mann Admet in den Tod zu gehen, da brachte Herakles Alkestis wieder aus dem Hades zurück. Das war aber nur möglich, weil der Gott Apollo die Moiren betrunken gemacht hatte, so daß sie den rechten Zeitpunkt verpaßten, an dem der Lebensfaden Admets hätte abgeschnitten werden müssen. In der ausgehenden Antike verlieren dann die Schicksalsgottheiten viel von ihrer eisernen Notwendigkeit und Unausweichlichkeit, der Mensch selbst muß sein Schicksal in die Hand nehmen, es liegt zwar nicht allen an ihm, ob sein Leben erfolgreich verläuft oder nicht, aber er wird an einen Scheideweg geführt und muß die rechte Entscheidung treffen. Allerdings bedarf er auch jetzt noch der rechten Unterweisung und Erleuchtung, damit er nicht verblendet bleibt und eine törichte Wahl trifft.

II.

Und wir, wie verstehen wir die Wechselfälle unseres Schicksals? Vielleicht weisen wir auf die genetische Prägung hin, die Erbmasse, die wir durch unsere Vorfahren mitbekommen haben; oder uns fällt das Milieu ein, in dem wir aufgewachsen sind und das unsere Vorstellungen von uns selbst wesentlich mitbestimmt hat. Oder wir sagen ganz einfach: Das Gewirre der verschiedenen Faktoren ist völlig undurchschaubar, es ist der bare Zufall, der unser Schicksal bestimmt.

Am Ende seines 1949 geschriebenen Tagebuchs geht Max Frisch der Frage nach, was das denn sei: der Zufall. Er weist darauf hin, wie oft wir es als ›Fügung‹ verstehen, wenn uns etwas ohne unsere Voraussicht und ohne unseren bewußten Willen zufällt: wir sind – auch ohne es zu reflektieren – davon überzeugt, daß die Vorkommnisse in einem größeren Zusammenhang stehen, auch wenn es immer subjektive Maßstäbe sind, die wir zur Erklärung heranziehen. »Der Zufall zeigt mir, wofür ich zur Zeit ein Auge habe, und ich höre, wofür ich eine Antenne habe. Ohne dieses einfache Vertrauen, daß uns nichts erreicht, was uns nichts angeht, und daß uns nichts verwandeln kann, wenn wir uns nicht verwandelt haben, wie könnte man über die Straße gehen, ohne in den Irrsinn zu wandeln?« Max Frisch schließt seinen Eintrag (und sein Tagebuch) mit dem Satz: »Am Ende ist es immer das Fällige, was uns zufällt.«[3] Wie von einer geheimen Dramaturgie angeleitet, wählen wir das ›Gemäße‹ aus, das, was jetzt ansteht und sich nachdrücklich zu Wort meldet.

Allerdings kann diese Auffassung nur von einem Menschen geteilt werden, der es manchmal mit Verwunderung oder Beglückung erleben durfte, wie sich die verworrenen und undurchschaubaren Begebenheiten ›gefügt‹ haben. Im nachhinein läßt sich manchmal erkennen, daß auch die schweren Stunden und die Anfechtungen notwendig waren, daß auch die dunkle Phase der Ratlosigkeit einen Sinn hatte. Es gehört wohl doch ein großer Mut dazu, das Ganze seines Lebens als ein ›stimmiges Gefüge‹ zu bejahen und anzunehmen. Dietrich Bonhoeffer brachte es – in einer Gefängniszelle sitzend – fertig, folgenden Satz zu formulieren: »Ich glaube, daß mir nichts Sinnloses widerfährt und daß es für uns alle gut so ist, wenn es auch unseren Wünschen zuwiderläuft. Ich sehe in meinem gegenwärtigen Dasein eine Aufgabe und hoffe nur, daß ich sie erfülle.«[4] Eine solche Einstellung fordert heraus, eine besondere Aufmerksamkeit zu entwickeln: Wer nur an der Oberfläche der Ereignisse hängenbleibt, wird sich ärgern oder über sein Mißgeschick klagen, wer dagegen den größeren Spannungsbogen zu überblicken versucht, mag erkennen, daß sich ein ›roter Faden‹ durch die ganze Lebensgeschichte hinzieht.

III.

Es ist ein verführerisches Traumspiel, sich ein anderes Schicksal zu wünschen. »Wenn ich in eine andere Zeit hineingeboren wäre …, wenn ich andere Eltern hätte, wenn ich eine hohe Begabung mitbekommen hätte …, wenn ich im Geld schwimmen würde …« Bekanntlich helfen uns solche Träume nicht, es sind fruchtlose Spiele, schwebende Phantasien, die keine Realität werden können. Vor allem helfen sie uns nicht weiter, weil sie uns in unserem Tun eher blockieren: Die Realität wird verstellt und eine Ersatzwelt als Fluchtmöglichkeit imaginiert. »Nichts auf der Welt ist dem Menschen mehr zuwider, als den Weg zu gehen, der ihn zu sich selber führt«, heißt es einmal in einer Erzählung von Hermann Hesse.

Aber es ist nötig, hier einen Einspruch zu machen: Warum sollte man nicht seine Phantasie spielen lassen, um Alternativen zu seinem gegenwärtigen Leben und seinem bisherigen Schicksal zu (er-)finden? Muß alles so weitergehen, wie es begonnen hat? Muß sich das Pech notwendig an die Fersen heften? Es gibt doch nicht nur einmal im Leben eine Wegscheide, an der sich alles (zum Besseren?) wenden kann. Erzählen wir uns nicht auch deshalb Geschichten, um herauszufinden, wie sich eine neue Perspektive gewinnen läßt? »Mit Geschichten, die uns beschäftigen, schlafen wir abends ein, sie begleiten uns und verfolgen uns bis in die Träume hinein und stehen beim Erwachen wieder neben uns«, sagt Wilhelm Schapp, der den Versuch gemacht hat, das menschliche Dasein aus dem ›Verstricktsein in die Geschichten‹ verstehbar zu machen.[5] Es kann sich ein ganz seltsamer Erkennungsprozeß ereignen, wenn ich eine Geschichte höre oder lese. Plötzlich habe ich den Eindruck, mir würde ein Spiegel vorgehalten. Die Erzählung stößt gleichsam in Neuland vor, sie breitet Lebensmöglichkeiten und Entscheidungsmodelle vor mir aus, berichtet wohl auch von Gefahren. Die gehörte oder gelesene Geschichte konfrontiert mich mit der eigenen Geschichte. Und wenn sie mich auch fasziniert und verzaubert, so werde ich doch am Ende wieder auf meine eigene Existenz verwiesen. Und vielleicht bekomme ich auch einen gehörigen Rippenstoß, nicht weiter im Schlendrian zu verharren, sondern die Chance meines Daseins zu ergreifen. Vielleicht hat jeder seine eigene ›Schlüsselgeschichte‹, die ihm hilft, das komplizierte Gefüge seiner eigenen Existenz besser zu begreifen.

Es ist ganz sicher nicht gleichgültig, welche Art von Geschichten wir Kindern erzählen. Sind es harmlose Geschichten, die die Wirklichkeit zurechtstutzen und alles Gefährliche sorgsam vermeiden? Dann führen wir die Kinder in ein Wolkenkuckucksheim illusionärer Vorstellungen, von dem kein Weg zu den nüchterneren Bereichen des alltäglich Vorgegebenen führt. – Erzählen wir aber vorwiegend Geschichten vom tragischen Geschick der Menschen, vom Aufbegehren und Untergang, vom unausweichlichen Scheitern, dann müssen die Kinder den Eindruck bekommen, daß es nicht gut bestellt ist mit dieser Welt und daß auch die Bedingungen menschlicher Existenz fatal sind. Es gibt Geschichten, die Mut machen, und andere, die entmutigen, manche fordern zu einer bequemen Anpassung oder zum schweigenden Gehorsam auf, andere wecken die Eigenständigkeit und das persönliche Engagement.

Sind wir nicht immer auf der Suche nach Geschichten, die einen Zuwachs an Lebenswirklichkeit bringen, die unsere Augen sehender machen, unser Mitgefühl fördern, unsere Entscheidungsfähigkeit zuspitzen? – Unsere Welt erscheint uns so rätselhaft, die eigene Wirklichkeit so unerklärlich, daß wir Ausschau halten nach einem Schlüssel für all die Rätsel. »Im Grunde wissen wenig Menschen mehr, wie sie eigentlich zu sich selbst gekommen sind ... Man kann nirgends einen zureichenden Grund dafür entdecken, daß alles gerade so gekommen ist, wie es gekommen ist; es hätte auch anders kommen können«, heißt es im ›Mann ohne Eigenschaften‹ von Robert Musil.[6] Ob wir in den Geschichten einen Beistand finden bei der Suche nach uns selbst?

IV.

In einem griechisch-mazedonischen Märchen wird erzählt, daß ein Kaiserpaar sehnlichst nach einem Kind verlangt. Endlich wird ihr Wunsch erfüllt, aber ihr Sohn ist schwächlich und droht bald zu sterben. In der dritten Nacht nach der Geburt erscheinen, wie es sein muß, die drei Schicksalsfrauen, um dem Kind sein Schicksal zu bestimmen. Aber sie sind sich in ihrer Wahl nicht einig: Die weiße Moira will dem Kaisersohn ein langes Leben schenken, die schwarze dagegen nur ein ganz kurzes, damit ihm viel Leid erspart bleibe. Die dritte, die rote Moira, sagt: »Schwestern, mir gefällt weder, was die eine von euch sagt, noch das, was die andere vorschlägt. Der Kaisersohn soll leben – wozu hätte ihm Gott sonst das Leben geschenkt –, aber niemand wird behaupten, daß er hundert Jahr alt werden muß. Also: wenn jede von euch ihm neun Jahre gibt, so will auch ich ihm neun Jahre geben. So wollen wir seinen Lebensfaden machen, wenn es euch recht ist.«[7] Nun hat also das Kind seinen ihm zugesponnenen Schicksalsfaden, er hat kein allzu langes Leben zu erwarten, aber es wächst heran, zur Freude seiner Eltern. Schließlich wird der Prinz übers Meer zum benachbarten Kaiser geschickt, er soll um dessen Tochter werben. Die Verlobung wird gefeiert, auf der Heimreise kommt aber ganz plötzlich Sturm auf und der Bräutigam wird von einer Welle erfaßt, ins Meer geworfen und ertrinkt: es war sein siebenundzwanzigster Geburtstag. Der Beschluß der Moiren ist erfüllt; was entschieden worden war, ist eingetreten.

Aber damit ist die Geschichte nicht zu Ende. Wie könnte sie hier abbrechen? Die junge Frau weint und jammert, findet sich mit ihrem Schicksal nicht ab, sondern klagt: »Ach, ihr grausamen Moiren, warum müßt ihr mir denn meinen Mann gerade jetzt nehmen, wo unser gemeinsames Leben doch noch gar nicht begonnen hat?« – Da taucht die weiße Moira auf und macht der Braut ein Angebot: »Wenn du bereit bist, die Hälfte von deinem Lebensfaden zu opfern, so will ich meine Schwestern schon dazu bringen, damit den Lebensfaden deines Gatten anzustückeln.« Die Braut ist damit einverstanden – und der untergegangene Bräutigam taucht wieder aus den Wogen auf und kann gerettet werden. – Und als die Brautleute nach der Heimkehr und den Hochzeitsfeierlichkeiten zum ersten Mal allein beieinander sind, erzählt der Prinz, er sei bis zum Meeresgrund hinuntergesunken und zu den Moiren gekommen. Plötzlich sei die weiße Moira verschwunden und nach einiger Zeit mit einem Stück Faden in der Hand zurückgekommen, den sie an den zu Ende gegangenen Lebensfaden angeknüpft habe. Die rote Moira habe gesagt: »Schwester, was tust du?«, worauf die weiße Moira antwortete: »Die beiden werden gemeinsam nicht mehr Lebensjahre haben, als wir ihnen getrennt an den Wiegen versprochen haben.« Und das Märchen weiß sogar: Am gleichen Tag sind sie dann auch gestorben.

Was an dieser Geschichte, die erst vor wenigen Jahrzehnten aufgezeichnet wurde, erstaunt, ist zunächst einmal die Selbstverständlichkeit, mit der noch von den Schicksalsmächten, den Moiren, erzählt wird. Die Tradition der antiken Mythen scheint nie ganz abgebrochen zu sein, sie hat sich bis in unsere Tage erhalten. Immer noch kommen die drei Schicksalsfrauen zu einem neugeborenen Kind und spinnen ihm seinen Lebensfaden zu. – Aber das Märchen setzt andere Akzente als der Mythos. Da wird von einem Konflikt zwischen den Moiren erzählt, der in einem Kompromiß endet. Vor allem aber ist der Schicksalsspruch nicht endgültig, er kann korrigiert und verändert werden. Diese Veränderung muß jedoch erstritten und erlitten werden, sie fällt den Menschen nicht in den Schoß. Das Schicksal eines einzelnen wird nicht isoliert betrachtet; wenn die Liebe zwei Menschen miteinander verbindet, dann ist der Lebensfaden des einen mit dem des anderen verflochten und verknüpft. Und das kann dazu führen, daß ein zu Ende gehendes Leben durch den Beistand und die Lebenskraft eines anderen wieder neuen Mut und neue Zuversicht bekommt. Die Liebe ist nicht nur der Seele Nahrung, sondern nährt auch das Vertrauen ins Dasein und kann wieder Zukunft eröffnen. Der Todmüde wird gleichsam an der Schwelle abgeholt und dem Leben zurückgewonnen. Aber es muß etwas eingebracht werden, jemand muß bereit sein, sich stellvertretend in die Bresche zu schlagen und etwas von seiner eigenen Lebenskraft zu opfern.

V.

Auf den griechischen Inseln wird ein Märchen erzählt, in dessen Mittelpunkt eine unglückliche Prinzessin steht.[8] Sie ist die jüngste von drei Schwestern, aber sie hat von den Moiren ein böses Schicksal zugeteilt bekommen: Alles, was sie unternimmt, mißlingt ihr, Unheil und Zerstörung folgen ihr auf dem Fuße. Selbst für ihre Umgebung wirkt sich ihre Anwesenheit fatal aus. Deshalb wandert sie in die weite Welt, damit nicht ihre Schwestern von ihrem bösen Stern in Mitleidenschaft gezogen werden. Aber auch jetzt ist ihre Reiseroute von Unglücksfällen bestimmt. – Eines Tages bekommt sie von einer freundlichen Frau gesagt: »Höre, liebes Kind, was ich dir sagen möchte: Auf diese Weise kommst du mit deinem Leben nicht zurecht, da deine Moira dich hetzt; du mußt vielmehr sehen, einen Weg zu finden, daß sie dir ein neues Schicksal zuteilt.« Und weil das Mädchen hilflos ist und nicht weiß, wie sie zu einem anderen Schicksalsfaden kommen kann, wird ihr ein Weg gewiesen. »Komm, ich will es dir sagen: Siehst du den hohen Berg, den man in der Ferne erkennt? Dort sind alle Schicksalsfrauen der Welt versammelt. Dort ist ihr Schloß, und das ist der Weg, den du nehmen mußt. Geh auf die Spitze des Berges, um deine Moira zu finden, und reiche ihr das Brot, das ich dir mitgeben werde. Dann sage zu ihr: ›Liebe Moira, die du mir mein Schicksal zugeteilt hast, tausch es mir um‹, und du darfst nicht fortgehen, was sie dir auch antun mag, sondern mußt zusehen, daß sie das Brot in ihren Händen behält.« – Nach vielen Mühen und Widerständen gelingt es dem Mädchen endlich, ihre Moira dazu zu bewegen, das zugewiesene Schicksal zu revidieren. Sie bekommt ein Knäuel Seide und muß nun selber dafür Sorge tragen, daß sich ihr Unglück wendet und das Glück sich zeigt.

Aus eigenen Kräften, so scheint das Märchen zu sagen, kommen wir aus einem Unheilskreislauf nicht heraus. Wenn sich alles gegen uns verschworen zu haben scheint, dann hilft guter Wille und Wunschdenken auch nicht aus dem Dilemma. Es muß schon jemand kommen, der die Geheimnisse kennt und das verworrene Gewebe unseres Schicksalskleides durchschaut, um uns ein Licht aufzustecken. Wenn es um unser eigenes Schicksal geht, dann stecken wir wie in einem Labyrinth und finden den Ausgang nicht mehr, überall geraten wir in Sackgassen. Es muß jemand kommen, der den Mechanismus kennt: Wenn man bis zur Mitte durchstößt, dann kann man auch den Rückweg erkennen.

Aber das Märchen macht auch deutlich, daß die Veränderung des eigenen Schicksals ein schwieriges Unterfangen ist, selbst wenn uns jemand dabei hilft. Haben wir uns nicht längst an das Bild gewöhnt, das wir uns von uns selbst gemacht haben? Ist das Rollenspiel nicht seit Jahrzehnten zur gewohnten Routine geworden? Wenn sich einer an die Rolle eines Pechvogels so gewöhnt hat, daß sie seine zweite Haut geworden ist, dann müßte er sich ja ein anderes Ich erfinden, wenn er plötzlich zum Glückskind mutieren würde. »Ein anderes Ich«, sagt Max Frisch, »das ist kostspieliger als der Verlust einer vollen Brieftasche, versteht sich, er müßte die ganze Geschichte seines Lebens aufgeben, alle Vorkommnisse noch einmal erleben, und zwar anders, da sie nicht mehr zu seinem Ich passen.«[9]

Immerhin: Unser Märchen ist davon überzeugt, daß es eine Schicksalswende geben kann. Dazu müssen weite Wege gewagt und der steile Aufstieg auf einen Berg vollzogen werden. Und dann steht noch die Aufgabe bevor, die Moira für sich zu gewinnen, Zähigkeit und Ausdauer sind dafür nötig, aber auch Geschicklichkeit und Demut. In einem italienischen Märchen, einer thematischen Variante zu der griechischen Geschichte, wird erzählt, daß das Mädchen ihre verwahrloste Schicksalsfrau sorgsam wäscht und kämmt und sie von Kopf bis Fuß neu einkleidet, erst dann wird die Moira freundlicher und zugänglicher und ist bereit, einen Impuls zur Veränderung des Schicksals zu geben.[10] Wer die weiten

Wege scheut, wer sich um die Schmerzen der Suchwanderung herumdrückt, dem bleibt sein Verhängnis treu (in das er vielleicht sogar verliebt ist, obwohl er es nicht zugeben wird). Nur demjenigen kann geholfen werden, der nicht resigniert und nicht die Hoffnung aufgegeben hat. Dann aber kann es erfahren werden: Ein Neuanfang ist möglich, eine überraschende Wendung kommt in Sicht, ein ›gereinigtes Auge‹ sieht die Wirklichkeit plötzlich ganz anders an.

VI.

Es ist bekanntlich eine sehr frühe Lebensphase, in der ein Kind seine entscheidenden Prägungen erfährt und sich über das eigene Ich Gedanken macht. Diese Selbsteinschätzung und das daraus resultierende Selbstbild sind noch sehr subjektiv und hängen ganz davon ab, ob es von seinen Eltern ermutigt und verstärkt worden ist oder ob es immerzu in Frage gestellt und in seiner Entwicklung gestört wurde. Sowohl die Verwöhnung und Verzärtelung wie die ängstigende Beeinflussung und Einschüchterung wirken sich negativ aus. Das Kind nimmt vor allem die nonverbalen Impulse und Signale seiner Umwelt auf, allmählich kristallisiert sich (dem Kind selbst natürlich unbewußt) ein ›Lebensplan‹ heraus, eine Art Verhaltenscode, um sich behaupten zu können. Das eine Kind entwickelt sich zu einem ›strahlenden Sieger‹, der mit Leichtigkeit alle Hürden nimmt und spontan die Menschen für sich einnimmt, ein anderes Kind fühlt sich vernachlässigt und mißachtet und ertrotzt sich auf seine Weise einen Platz, ein drittes Kind hält sich für unbegabt und entwickelt keinen Lebensmut, zieht sich zurück und läßt alles passiv geschehen. Da sich allmählich ein ›inneres Drehbuch‹ bildet, das die Reaktionsweisen und Verhaltensmodalitäten bestimmt, kann es dazu kommen, daß immer wieder falsche Entscheidungen getroffen werden und die häufige Erfahrung des Versagens das schwache Selbstwertgefühl noch weiter mindert.

Muß ein solches Drehbuch ein ganzes Leben durchgehalten werden, kann es aufgebrochen und korrigiert werden, wenn es sich als falsch und irreführend erweist? In manchen Fällen wird das ohne therapeutische Hilfe nicht möglich sein.

Aber warum sollte es nicht auch andere Wege geben, den Freiheitsraum allmählich zu erweitern, erstarrte Verhaltensmuster aufzubrechen und Alternativen zu entwickeln?

VII.

Machen wir es uns als Eltern und Erzieher eigentlich klar, daß wir unsere Kinder nicht nur durch ›Erziehungsmaßnahmen‹ und direkte Impulse beeinflussen und prägen, auch nicht nur durch unser eigenes Verhalten, das zur Nachahmung reizt, sondern auch durch die Geschichten, die wir ihnen erzählen? Geschichten sind Versuche, die Welt und das menschliche Dasein verstehbar zu machen und die rätselhafte Existenz zu deuten. Geschichten erzählen, wie Menschen ›damals, in jener Zeit ...‹ gelebt haben, was sie für Schwierigkeiten hatten, ob sie mutig oder verzagt waren, wie sie schuldig geworden sind und sich wieder versöhnt haben. Und in tausend Variationen dürfen wir miterleben, wie Menschen sich auf den Weg und die Suche machten. Aber was haben sie denn gesucht? Die Fremde, das Abenteuer, den Gefährten, den Lebenspartner, das Geheimnis, den verborgenen Schatz, das Glück. Deshalb sind die Geschichten meistens abenteuerlich, es sind Weggeschichten und Liebesgeschichten.
Es geht aber nicht um das ›Ehedem und Irgendwann‹, sondern um das Hier und Jetzt, nur müssen wir uns mit den Geschichten so einlassen, daß wir die verborgenen Verwandtschaften und Ähnlichkeiten entdecken. Eine Geschichte ist ein Versuchsballon in ein unbekanntes Gebiet, ich erprobe gleichsam neue Möglichkeiten, um herauszufinden, wo meine Lebensreise hinführen mag. »Die Geschichte scheint noch uneröffnete Augen in uns zu berühren«, heißt es in den Aufzeichnungen des Novalis.
Deshalb müssen die Geschichten nicht immer brav und ordentlich sein, eine Prise rebellischen Geistes und Aufmüpfigkeit ist manchmal auch ganz nötig. Wie könnte ein Neuanfang gewagt werden, wenn immer nur vorgebahnte Wege beschritten werden? In den Märchen wird oft vom notwendigen Abschied erzählt, das ist kein Zufall, der Aufbruch ins Unbekannte ist ja immer auch eine harte Anforderung.

VIII.

»Ein armes Mädchen saß allein zu Hause und wartete sehnlichst darauf, daß seine Mutter wieder heimkäme, aber sie
kam nicht. Da ängstigte sich das Mädchen und fing an zu
weinen. Irgendwann wurde sie vom Schlaf überwältigt, im
Traum sah sie plötzlich ein goldenes Schiff ankommen und
vor Anker gehen. Ein junger König mit einer goldenen Krone auf dem Kopf und ganz in Gold gekleidet stieg aus und
sprach zu dem Mädchen: ›Dies Schiff ist dein Schicksals-
schiff. Auf ihm fährt dein Schicksal.‹ Darauf stieg der König
wieder auf das Schiff und fuhr ab. Schließlich wachte das
Mädchen wieder auf und wunderte sich über seinen
Traum.«[11] So beginnt ein griechisches Märchen. Man könnte sagen, daß sich hier auf typische Weise die Träume der
kleinen Leute spiegeln, um – wenigstens in einer Geschichte
– aus der Armut und Not herauszukommen. Geht es hier
um die ersatzhafte Erfüllung unbefriedigter Sehnsüchte und
geheimer Wünsche?

Mir scheint, die Geschichte läßt sich auch anders verstehen:
Wir finden uns zu schnell mit unserem Schicksal ab, tun so,
als wäre alles vorbestimmt und unabänderlich, obwohl es
durchaus Möglichkeiten gäbe, dem eigenen Geschick eine
andere Richtung zu geben. Gerade das fatalistische Grund-
gefühl lähmt unsere Energien, wir neigen dann dazu, die
Dinge treiben zu lassen, weil sowieso nichts geändert werden kann. Hat sich erst einmal die Vorstellung von der Vergeblichkeit unserer Bemühungen um Wandel eingenistet,
brauchen wir uns nicht zu wundern, daß die Anstrengungen
wirklich ins Leere laufen.

Die Märchen lehren uns eine andere Einstellung: Der Held
und die Heldin resignieren nicht so schnell, auch wenn es
scheinbar unlösbare Aufgaben anzupacken gilt. Ein Grund-
vertrauen ist bei ihnen immer spürbar, eine Haltung der Zuversicht, die nicht enttäuscht werden kann. Natürlich kann
man fragen, ob die Geschichten, wenn wir sie erzählen, so
viel Überzeugungskraft haben, daß wir ängstlichen Menschen damit Mut machen können, daß wir die Verfestigten
und Erstarrten aus ihren Schneckenhäusern herausholen, ob
wir den Verkümmerten neue Perspektiven erschließen. Die

Geschichten werden es nicht allein fertigbringen, aber sie sind unsere Bundesgenossen, die uns beistehen. Ist es nicht oft so, daß sich eine Geschichte in unserem Innern festsetzt und sich nicht abschütteln läßt? Vielleicht geht sie uns nach, damit unser Denken in eine andere Richtung gelenkt wird, die wir vorher noch gar nicht bedacht haben. Gerade die Märchen machen Mut. Sie sagen: Was du als dein dir zugedachtes Geschick ansiehst, bietet vielleicht mehr Möglichkeiten, als du selber angenommen hast. Es stecken noch viele ungeweckte Kräfte in dir, die darauf warten, wachgerufen zu werden.

Anmerkungen

[1] Nach einem bisher ungedruckten, von *Marianne Klaar* aufgezeichneten griechischen Märchen.

[2] *Hesiod*, Sämtliche Werke, deutsch von Thassilo von Scheffer, Birsfelden-Basel 1984, 62.

[3] *Max Frisch*, Tagebuch 1946–1949, München 1965, 340f.

[4] *Dietrich Bonhoeffer*, Widerstand und Ergebung, München 1964, 139.

[5] *Wilhelm Schapp*, In Geschichten verstrickt, Hamburg 1953, l.

[6] *Robert Musil*, Der Mann ohne Eigenschaften, Hamburg 1952, 130.

[7] *Felix Karlinger*, Rumänische Märchen außerhalb Rumäniens, Kassel 1982, 59f.

[8] ›Die unglückliche Prinzessin‹, in: *Felix Karlinger*, Märchen griechischer Inseln, Düsseldorf 1979.

[9] *Max Frisch*, Mein Name sei Gantenbein, Frankfurt/M. 1963.

[10] ›Unglücksrabe‹, in: *Otto Betz*, Vom Schicksal, das sich wendet, München 1987, 63–73.

[11] Ungedrucktes griechisches Märchen (*Marianne Klaar*)

Der Umweg zum Glück

In einem kleinen Städtchen wohnte ein armer Mann, der zwar ständig seinem Glück nachjagte, es aber nie erreichte. Unterhielt er sich mit anderen Bürgern, so kam er meist bald auf sein mangelndes Glück zu sprechen und sagte dann häufig: »Es bleibt mir nichts anderes übrig als arm zu sein, mein Glück tut nichts für mich, es muß ein rechter Faulpelz sein.« Darüber ärgerte sich sein Glück und dachte über den Mann: »Du stehst dir und mir selbst im Weg.« Eines Nachts erschien das Glück dem Mann und sprach ihn an: »Hör mal zu, warum machst du mich vor allen Menschen schlecht? Du sagst, ich soll für dich arbeiten und dich reich machen, aber du selbst tust nichts dazu. Paß mal auf: Geh in die Nachbarstadt, dort werd' ich für dich in einer faulen Kirsche arbeiten. Wenn du es gescheit anpackst, wirst du doch noch reich werden.«

Der Arme wachte am nächsten Morgen auf, wunderte sich über den Traum und dachte darüber nach, was er wohl bedeuten könne. Weil alles noch so klar in seinen Ohren klang, packte er tatsächlich sein Bündel und ging in die benachbarte Stadt, um nachzuschauen, ob sein Glück tatsächlich in einer faulen Kirsche für ihn arbeiten werde. In der Stadt angekommen, lief er durch alle Straßen, guckte in alle Geschäfte, aber sein Glück fand er auch hier nicht. Als es schon Abend wurde und er sich müde gelaufen hatte, kam er an einem Kaufmannsladen vorbei. Vor der Ladentür lag eine heruntergefallene Kirsche. Er bückte sich schnell und hob sie auf. Der Kaufmann hatte es gesehen und rief ihm zu: »He, bleib stehen, was hast du da gerade aufgehoben?« – »Ach, nichts«, sagte der Mann und wollte weitergehen. »Wieso nichts? Du solltest dich schämen, das nicht zurückzugeben, was du gefunden hast.« Der Mann schämte sich wirklich, aber nur deshalb, weil er sich gar nicht nach einem Wert gebückt hatte. Er öffnete seine Hand und sagte: »Schau, eine weggeworfene Kirsche habe ich aufgehoben. Glaubst du vielleicht, ich hätte eine Goldmünze auf der Straße gefunden?« Nun beruhigte sich der Kaufmann, und um seinen Übereifer wieder gutzumachen, lud er den Mann zu einer Tasse Tee in seine

Stube ein und fragte ihn, was er denn in der Stadt treibe, woher er komme und welchen Beruf er habe.

Zunächst wollte unser Mann ja nicht mit seiner Geschichte herausrücken, allmählich aber faßte er Mut und erzählte dem Kaufmann von seinen Mißgeschicken, seinem mangelnden Glück und wie er sein Glück gescholten habe vor den Menschen. Zuletzt erzählte er ihm auch von dem seltsamen Traum, der ihn hierher in diese Stadt geschickt habe.

Der Kaufmann schüttelte immer heftiger den Kopf und sagte schließlich: »Du bist ein rechter Narr, daß du dich von einem Traum hast verleiten lassen, eine Reise in eine andere Stadt zu unternehmen. Müde hast du dich gelaufen – und was hast du gefunden: eine faule Kirsche und sonst nichts. Ich habe manchmal auch einen Traum, aber keine zehn Pferde würden es fertigbringen, mich dorthin zu bewegen, wo ich meinem Traumbild gemäß hingehen soll. Stell dir nur vor, ich soll in deine Stadt gehen, zu einem Haus, das an einem Brunnen mit drei Rohren steht. Zur Herdstelle des Hauses soll ich gehen und darunter graben, bis ich einen großen Schatz finde. Aber das ist alles Narretei und purer Unsinn. Ich bleib lieber hier, und du solltest auch wieder nach Hause gehen und nicht dein Glück bei faulen Kirschen suchen.«

Unser Mann aber kam aus der Verwunderung und dem Staunen gar nicht mehr heraus. Er wohnte nämlich in einem Haus, das genau neben einem Brunnen mit drei Rohren stand. – Er bedankte sich bei dem Kaufmann für die Bewirtung und die guten Ratschläge und machte sich auf den Heimweg. – Zu Hause angekommen, nahm er sich eine Hacke und grub seine Herdstelle gründlich um. Plötzlich stieß er auf etwas Hartes, und als er es herausgeholt hatte, da war es ein großer Topf, voll mit den herrlichsten Goldmünzen. Wie dankbar ist er seinem Glück gewesen! Nie mehr hat er es einen Faulpelz genannt. Aber auch dem Kaufmann in der fremden Stadt war er dankbar, der ihm – ohne es zu wissen – mit seinem Gegentraum erst zu seinem Glück verholfen hatte. So hat also tatsächlich das Glück in der faulen Kirsche gelegen.

Mazedonisches Märchen

Der dunkle Bruder – mein Schatten

Was das Märchen über den ›Fremden in mir‹ weiß

»Ich kenne alles, nur nicht mich«, hat schon der mittelalterliche Vagant François Villon gesungen. Offensichtlich ist es
eine schwere Aufgabe, sich selbst soweit kennenzulernen,
daß man nicht mehr die eigenen Fiktionen aufrechterhält
und sich an die illusionären Stilisierungen klammert. Georg
Hamann wußte von der »Höllenfahrt der Selbsterkenntnis«
und von der Neigung, sich lieber etwas Harmloseres zu-
rechtzubasteln. Wie kann man aber seiner Schattenseite begegnen? Resignieren wir da nicht schnell, schrecken vor den
Abgründen zurück und bleiben lieber wieder bei der vertrauten Selbsteinschätzung?

Die Märchen können wir als einen Erfahrungsschatz der
Menschheit verstehen. Die Geschichten halten uns einen
Spiegel vor, damit wir uns selbst besser zu begreifen lernen.
Und wenn wir uns wirklich diesen Erzählungen ›stellen‹,
wenn wir sie in unser Inneres einlassen und – vielleicht
manchmal mit Schrecken – entdecken, wie sehr sie unsere
ungelösten Probleme darstellen und die Aufgaben signalisie-
ren, die wir noch vor uns haben, wenn wir zu unserer wahren Gestalt kommen wollen, dann kann die Beschäftigung
mit den Märchen zu einem Reifungsschub führen.

Hier ist freilich an eine Reihe von Märchen gedacht, die eine Besonderheit haben: zwei Gestalten stehen sich gegenüber, als Geschwister oder als Freunde, als Kontrahenten
oder Rivalen. Im Märchen von der ›Frau Holle‹ (KHM 24)
sind es zwei Schwestern, die sich diametral unterscheiden
und deshalb auch ein ganz unterschiedliches Schicksal haben. – Im Märchen ›Die zwei Brüder‹ (KHM 60) und ›Die
Goldkinder‹ (KHM 85) sind es Brüder, die sich nicht allzu
sehr in ihrer Veranlagung unterscheiden, aber in die Situation geraten, daß einer den anderen retten und aus der Verzauberung befreien muß. In ›Ferenand getrü un Ferenand
ungetrü‹ (KHM 126) begegnet ein junger Mann seinem
dunklen Schattenbruder, der ihn dauernd in äußerste Le-

bensgefahr bringt, der aber auch dazu beiträgt, den eigenen Reifungsprozeß durchzustehen.

Man könnte sagen, daß die beiden Gestalten zwei Seiten einer Person darstellen. Die jeweiligen Pole verselbständigen sich und werden uns als unabhängige Wesen vorgestellt. Durch die ›Verdoppelung‹ wird die innere Spannung einer Person sichtbar, ihre Ambivalenz und ihre unterschiedlichen Tendenzen und Zielrichtungen. Die Gegenfigur ist gleichsam die Alternative, der mögliche Kontrast zur ersten Gestalt. Vielleicht sind auch ganz unterschiedliche Begabungen und Veranlagungen vorhanden, die sich nur schwer vertragen und kaum auf einen gemeinsamen Nenner gebracht werden können. Wie oft steht der Mensch in einer Zerreißprobe, weil er in ganz verschiedene Richtungen getrieben wird und nicht weiß, wie er diese divergierenden Pole seines Daseins zusammenbringen soll. Und doch soll ja der Mensch zu seiner Identität finden, soll die Kräfte nicht vagabundieren lassen, sondern personal integrieren.

Untersuchen wir einige Märchen, wie dort der Spannungsreichtum der menschlichen Person thematisiert und auf welche Weise er gelöst wird. – Im Märchen ›Die Goldkinder‹ wird erzählt, daß die beiden Brüder in die Welt ziehen, um sich darin zu bewähren. »Sie ritten fort und kamen in ein Wirtshaus, darin waren viele Leute, und als sie die zwei Goldkinder erblickten, fingen sie an zu lachen und zu spotten. Wie der eine das Gespött hörte, so schämte er sich, wollte nicht in die Welt, kehrte um und kam wieder heim zu seinem Vater.« – Wenn man sich auf den Weg macht und in die Fremde zieht, muß man gewärtigen, daß man als Fremdling angesehen wird und spöttische Bemerkungen oder offene Ablehnung erfährt. Es ist nicht angenehm, als Außenseiter betrachtet zu werden, da ist es naheliegend, wieder umzukehren und nach Hause zu ziehen, wo man seinen angestammten Platz hat und allgemein akzeptiert ist. Der andere Bruder dagegen läßt sich nicht so leicht ins Bockshorn jagen. Auch als er in einen gefährlichen Wald gerät, in dem sich Räuber aufhalten, sagt er: »Ich muß und soll hindurch.« Das Märchen zeichnet also einen klassischen inneren Konflikt: Einerseits wollen wir vorankommen und das Neue wagen, andererseits bekommen wir es mit der Angst zu tun und möchten am liebsten wieder in die gewohnte Sicherheit zurück. – Die Sympathie des Märchenerzählers scheint bei dem Mutigen zu sein, der seinen Weg fortsetzt und sich nicht abschrecken läßt. Aber im weiteren Verlauf der Geschichte gerät er in die Fänge einer Hexe, die ihn in einen Stein verwandelt. – Aber die Brüder scheinen durch eine symbiotische Verbindung noch in Beziehung zu stehen. Jetzt ist die Stunde des Zuhausegebliebenen gekommen: Er zieht los, und es gelingt ihm, den Bruder aus der Verzauberung zu befreien. – Es scheint so zu sein, daß wir eine mutige und eine vorsichtige Seite in uns haben. Einerseits treibt es uns nach vorn, am liebsten möchten wir die Welt im Handstreich erobern. Aber in uns wohnt auch die Gabe, einen Sachverhalt kühl abzuwägen und auch das Ausmaß einer Gefahr zu erkennen. Der Mut kann allerdings zur Tollkühnheit werden – und die Vorsicht zur Feigheit und Überängstlichkeit. – Diese beiden Gaben wohnen gleichsam in uns: Manchmal müssen wir dem ›kühnen Bruder‹ folgen, manchmal empfiehlt es sich, auf den bedachtsamen Bruder zu horchen, so kommen wir ins rechte Gleichgewicht. Beide ›Brüder‹ haben ihr Recht und müssen da sein, wenn unser Leben gelingen soll. Und es sollte auch keiner dominant sein und allein den Ton angeben. Erst wenn wir nach innen lauschen und die konkrete Situation bedenken, werden wir merken, ob jetzt der eine oder der andere ›am Zug‹ ist und die Handlungsweise bestimmt.

Aber im Märchen ›Ferdinand getreu und Ferdinand ungetreu‹ ist die Situation anders. Ein junger Mann reitet in die weite Welt und begegnet einem Fremden, mit dem er ins Gespräch kommt. »Wie heißt du?« wird er gefragt. »Ferdinand getreu.« »So, dann haben wir ja fast die gleichen Namen, ich heiße nämlich Ferdinand ungetreu.« Der junge Bursche ist seinem dunklen Schattenbruder begegnet, der ihm zwar ähnlich sieht, aber ähnlich durch Kontrast. Von diesem seltsamen Spiegelbild wird gesagt, daß er sich auf schlimme Künste verstand und daß er wußte, was in einem anderen vor sich ging, was er dachte und tun wollte. Ferdinand, der zwar der Getreue genannt wird, aber auch noch unerfahren ist und die Intrigen der anderen nicht durchschaut, ist in Gefahr, dieser dunklen Macht zu verfallen. Ferdinand getreu hat aber einen ›magischen Helfer‹, ein sprechendes Pferd, das ihm sein Pate geschenkt hat. Dieses Pferd wird sein Ratgeber und Retter. Er hört zwar nicht immer auf es, gerät deshalb in Schwierigkeien, wird aber nicht im Stich gelassen. So kann er die Anfeindungen und Verleumdungen abwehren, kann die schwierigen Aufgaben lösen und wird zum Schluß König. Ferdinand ungetreu will die Herrschaft gewinnen, und durch sein Taktieren bringt er Ferdinand getreu immer wieder neu in Krisen und schwierige Situationen. Aber gerade das trägt zur Reifung bei und wird zu einem ›Stufenweg‹ von dessen Selbstentfaltung.

Am Ende des Märchens verschwindet der ungetreue Ferdinand, er hat seine Funktion erfüllt, indem er dem getreuen Ferdinand zu den notwendigen Entscheidungen genötigt hat. Die Doppeldeutigkeit menschlicher Existenz mußte herauskommen, auch das Abgründige und Verschlagene, die potentielle Bosheit, die im Menschen wohnt. Und wenn Ferdinand getreu in der Schlußphase des Märchens in den heißen Kessel springen muß, dann soll dadurch wohl auch ausgedrückt werden, daß diese Läuterung nötig ist, um ihn zu befähigen, als gereifter Mann das Königsamt zu übernehmen.

In einem anderen Grimm'schen Märchen, ›Die beiden Wanderer‹ (KHM 107), wird erzählt, wie zwei Handwerksburschen, ein Schneider und ein Schuster, sich gemeinsam auf die Wanderschaft begeben. Die beiden sind denkbar unterschiedlich veranlagt. »Der Schneider war ein kleiner, hübscher Kerl und war immer lustig und guter Dinge.« Ein Schneider hat es mit der Oberbekleidung zu tun, er kann durch sein handwerkliches Geschick seine Kunden vorteilhaft herausputzen. Da ›Kleider Leute machen‹, hat es der Schneider in gewisser Weise in der Hand, die Menschen zu verwandeln, ihnen zu Ansehen und Einfluß zu verhelfen. Und weil unsere Kleider zu unserem Rollenverhalten beitragen, ist ein Schneider ein halber Zauberer, der sein Teil dazu beiträgt, Menschen zu einem besseren Selbstbewußtsein zu verhelfen. – Der Schuster wird anders geschildert, er »konnte keinen Spaß vertragen, er verzog sein Gesicht, als wenn er Essig getrunken hätte«, griesgrämig schaut er in die Welt, schneidet schiefe Gesichter, was Wunder, daß er bei seinen

Bettelzügen nicht viel abbekam, während das Schneiderlein, das »so frisch und munter aussah und so hübsche rote Backen hatte«, überall gern gesehen war und manchmal von der »Meistertochter unter der Haustüre auch noch einen Kuß auf den Weg« bekam. Aber der Schuster hat nicht nur negative Eigenschaften, sondern wird auch als ein realistischer und nüchterner Beobachter geschildert, der nicht auf Wolken tanzt, sondern sich sachgemäß auf die realen Gegebenheiten einstellt. Ein Schuster hat es mit den Füßen zu tun, er soll dazu beitragen, daß die Leute ›gut zu Fuß‹ sind und Schuhe bekommen, die ihnen ein sicheres Auftreten ermöglichen. Es geht um Trittfestigkeit und die Ausdauer bei langen Märschen.

Man spürt: Das Märchen ist mit seiner Sympathie beim lustigen Schneider, aber auch er wird nicht kritiklos geschildert. »Klingelten nur ein paar Groschen in seiner Tasche, so ließ er auftragen, schlug vor Freude auf den Tisch, daß die Gläser tanzten, und es hieß bei ihm: ›Leicht verdient und leicht vertan.‹« Er ist also ein Luftikus, der nicht an morgen denkt, sondern einzig den Augenblick genießt. In diesem Punkt ist ihm der Schuster überlegen, der klug vorausschaut und nüchtern kalkuliert. – Als sich die beiden auf eine lange Wanderung durch einen dichten Wald begeben, verproviantiert sich der Schuster gründlich, während der Schneider nur das Nötigste mitnimmt. »Ich halte mich an Gott und kehre mich an nichts«, das ist seine Devise. Der Satz macht deutlich: Es gibt auch ein fragwürdiges Gottvertrauen, wenn man gedankenlos in die Gefahr rennt, weil man die Gegebenheiten nicht ruhig abschätzt. Der Schneider muß seinen ›frommen Optimismus‹ bald büßen, denn der herzlose Schuster ist nur bereit, ihm von seinen Vorräten abzugeben, wenn er ihm seine Augen ausstechen kann. – Nun hat der Schneider, der nicht vorausschauen wollte und blind war für die Realität, seine Augen wirklich eingebüßt. Und der Schuster konnte endlich seinen Ärger über den Schuster mit seinen leichten Erfolgen und seinem Ansehen abreagieren, voller Ressentiment zerstört er die Arbeitsmöglichkeit des Schneiders. Das Schneiderlein, der blendende Zauberer mit seinem faszinierenden Rollenspiel, hat ausgezaubert.

Aber so kann das Märchen nicht enden, die Bosheit des

Schusters darf nicht triumphieren. Der Schneider ist lernfähig, er weiß, daß er die Welt einseitig betrachtet hat und
daß er sich ändern muß, wenn er noch eine Zukunft bekommen will. »Da erkannte der Schneider sein leichtsinniges
Leben, bat den lieben Gott um Verzeihung.« Innerlich bekommt er neue Augen und gelangt auf eine neue Ebene der
Einsicht und der Erkenntnis. So kann ihm auch das leibliche
Augenlicht wieder geschenkt werden. Und das neue Verständnis des Daseins muß sich auch gleich bewähren: Auf
dem Weg in die Königsstadt ist er so müde und hungrig, daß
er sich auf ein Fohlen setzen will, es aber dann doch sein
läßt, weil das junge Pferdchen noch zu schwach ist. Und
auch den Storch, die Enten und die Bienen rührt er trotz seines Hungers nicht an und macht sie so zu seinen Freunden.
In der Residenzstadt trifft er wieder auf seinen Reisegefähr-
ten und Widersacher, den Schuster, beide steigen zu königlichen Hoflieferanten auf und kommen zu Ansehen und
Wohlstand. Aber der Schuster will den Schneider unschäd-
lich machen, indem er dem König ins Ohr flüstert, der
Schneider verfüge über magische Kräfte und könne alle Probleme des Reiches lösen. Was aber sind die ungelösten Probleme, die dem König das Leben schwer machen? Er hat seine Krone eingebüßt, das Symbol der Macht, den Inbegriff
der heiligen Ordnung, das Zeichen der Ganzheit. Auch der
Schneider ist ratlos und weiß nicht, wie er die Krone herbei-
schaffen soll. Aber die Enten, die er bei seiner Ankunft verschont hat, stehen ihm bei und holen die Krone vom Grund
des Wassers. – Die zweite Aufgabe besteht darin, ein Modell
des Schlosses anzufertigen. Dahinter steht wohl die Sorge,
daß das ›Grundmodell‹ des Reiches fragwürdig geworden
ist, die tragende Idee. Nun ist eine neue Initialidee gefragt, es
muß einer kommen mit einer visionären Vorausschau für
das, was im Kommen ist. Wer hat so viel planerische ›Real-
phantasie‹, daß er dem Künftigen schon Form geben kann?
Hier helfen die Bienen dem Schneider, sie errichten aus
Wachs das geforderte Modell. – Der dritte Problembereich
ist das fehlende Wasser: im Schloß fehlt ein Brunnen, der
reichlich Wasser spendet. Ohne Wasser gibt es keine Zukunft, wo es nicht mehr quillt, versiegt die Lebensenergie,
alles geht zugrunde. Aber das Pferd mit seiner ungebroche-

nen vitalen Energie stampft das Wasser aus dem Boden, so daß auch diese Aufgabe gelöst wird. – Und schließlich fehlt dem König der Erbe, er hat keinen Sohn: die Kontinuität der Herrschaft ist in Gefahr. Auch jetzt kommt dem Schneider ein dankbares Tier zu Hilfe: Der Storch, den er verschont hat, schafft den ersehnten Thronfolger herbei, so daß nun alle Probleme gelöst sind, der Schneider zu höchsten Ehren gelangt und die Königstochter zur Frau bekommt.

Was aber ist aus dem Schuster geworden? Er verschwindet und erleidet nun das Schicksal, das er dem Schneider bereitet hat: Er wird blind, die Schicksale werden vertauscht. Das Märchen endet: »Es hat ihn niemand wieder gesehen noch etwas von ihm gehört.« Warum kann er verschwinden? Weil der Schneider seine Lektion gelernt hat: Er ist nicht mehr der unbedarfte Springinsfeld, sondern hat das, was der Schuster ihm voraushatte, nachgeholt. Durch leidvolle Erfahrung ist er ein mündiger Mensch geworden, der seinen eigenen ›Platz‹ gefunden hat. – Das Märchen ist eine charakteristische ›Schattengeschichte‹: Die beiden Gestalten, der Schneider und der Schuster, stellen zwei verschiedene, aber jeweils einseitige Ausprägungen des Menschseins dar. Jeder hat dem anderen etwas voraus: Der Schuster ist realistisch, steht nüchtern auf dem Boden der Tatsachen, kann planend vorausschauen und verfällt nicht so leicht den Illusionen. Der Schneider hat einen fröhlichen Mut, ist unternehmungslustig, trägt nicht nach, hat eine ansteckende Fröhlichkeit. Aber beide haben sie auch ihre Mängel. Der Schuster hat eine Neigung zum Übelnehmen, ist neidisch, neigt zum Miesmachen, schließlich wird er hartherzig und seine grausame und sadistische Seite kommt zum Vorschein. – Der Schneider dagegen ist von einer fahrlässigen Oberflächlichkeit, denkt nicht ans Morgen und hält seinen naiven Optimismus sogar noch für einen besonders starken Gottesglauben. Während sich aber der Schuster immer mehr zum Schlimmeren verändert, lernt der Schneider dazu. Das, was ihm der Schuster voraus hatte, ist zum Schluß auch bei ihm zu finden. So haben wir am Ende des Märchens einen Schneider vor uns, der nicht einseitig ist, der nicht mehr meint, als fröhlicher Traumtänzer könne er durch die Welt kommen. Er ist unter Schmerzen gereift und kann deshalb zu königlichen Würden aufsteigen.

Warum sprechen wir von einer ›Schattengeschichte‹? Nach dem Verständnis von C. G. Jung gehört es zu den wichtigsten Aufgaben in unserem Reifungsprozeß, daß wir lernen, nicht nur auf unsere Lichtseite zu achten, sondern auch auf unsere Schattenseite. »Unglückseligerweise gibt es keinen Zweifel an der Tatsache, daß der Mensch im ganzen genommen weniger gut ist, als er sich einbildet oder zu sein wünscht. Jedermann ist gefolgt von seinem Schatten, und je weniger dieser im bewußten Leben des Individuums verkörpert ist, um so schwärzer und dichter ist er. Wenn eine Minderwertigkeit bewußt ist, hat man immer die Chance, sie zu korrigieren ... Aber wenn sie verdrängt und aus dem Bewußtsein isoliert ist, wird sie niemals korrigiert.« – Nun sind wir ja soziale Wesen, leben in Gemeinschaften, beobachten uns und könnten uns gegenseitig helfen, den eigenen Schatten wahrzunehmen. Das ist aber schwieriger, als wir gewöhnlich annehmen. Die Blindheit für die eigenen Schattenseiten kompensieren wir nämlich gewöhnlich durch eine besondere Hellsichtigkeit für den Schatten anderer. Und die Blindheit für den eigenen ›Balken‹ im Auge macht uns sehfähig für den Splitter im Auge des Nächsten. Die Wahrnehmungsfähigkeit für die eigenen Grenzen, für die dunkleren Seiten im eigenen Persönlichkeitsbild macht das Zusammenleben der Menschen leichter, weil von keinem verlangt wird, ein schattenloses Lichtwesen zu sein. ›Weil ich um meine eigenen dunklen Flecken weiß und unter meinem Ungenügen leide, gestehe ich dir auch zu, eine dunkle Seite zu haben. Wir wollen versuchen, füreinander Verständnis aufzubringen, indem wir uns immer wieder den eigenen Schatten bewußt machen.‹

Nun gibt es aber Menschen, die durchaus die Mängel in ihrer Persönlichkeit sehen und unter dem Ungenügen leiden, jedoch gerade ihre positiven Seiten nicht recht wahrnehmen können. Ihre verdrängte Seite ist also das Feld ihrer positiven Möglichkeiten, sie schätzen sich viel zu schlecht ein und bleiben so hinter ihren Möglichkeiten zurück. Manchmal käme es also darauf an, gerade diese nie ins Licht gerückte Chance wachzurufen. »Einen Menschen seinem Schatten gegenüberstellen, heißt ihm auch sein Lichtes zeigen ... Wer zugleich seinen Schatten und sein Licht wahrnimmt, sieht sich von zwei Seiten und damit kommt er in die Mitte«, heißt es bei C. G. Jung.

In vielen Märchen wird vom Wandlungsprozeß des Menschen erzählt. Gerade die Eingebildeten und Selbstsicheren kommen in den Geschichten nicht gut weg. Es zeigt sich, daß sie hochmütig sind und nichts dazulernen wollen. Aber die Träumer in unseren Märchen, die mißachteten Dummlinge und scheinbaren Faulpelze sind lernfähig, sie lassen sich die Augen öffnen und kommen zu ihrer eigenen Überraschung ans Ziel. Dabei werden solche ›Märchenhelden‹ nicht unbedingt als strahlende Gestalten geschildert, auch sie haben ihre deutlichen Grenzen und stehen vor den schwierigen Aufgaben hilflos da. Aber sie lernen dazu, sind bereit, auch notwendige Leiden durchzustehen. Diesen ›Lernprozeß‹ möchte ich am Beispiel eines Kinderliedes veranschaulichen. Es steht in der berühmten Volksliedsammlung ›Des Knaben Wunderhorn‹, die Clemens Brentano und Achim von Arnim herausgegeben haben. Auch wenn dieses Lied kein Märchen im eigentlichen Sinn ist, hat es doch eine Bildsprache und Motive, die mit dem Märchen verwandt sind.

»Will ich in mein Gärtlein gehn,
Will mein Zwiebeln gießen,
Steht ein bucklicht Männlein da,
Fängt als an zu nießen.

Will ich in mein Küchel gehn,
Will mein Süpplein kochen,
Steht ein bucklicht Männlein da,
Hat mein Töpflein brochen.«

So harmlos dieses Kinderlied daherzukommen scheint, es hat es faustdick hinter den Ohren. Da ist also von einem buckligen Männlein die Rede, es scheint seine Späße treiben zu wollen, ist es aber nur Schabernack? Der ›Ich-Sänger‹ fühlt sich dauernd gestört, wer wäre es nicht, wenn ihm dauernd ein etwas unheimliches Wesen in die Quere kommt, im Garten und in der Küche, auf dem Speicher und im Keller. Offensichtlich kann man ihm nicht entkommen, immer ist er schon vor einem da, guckt uns schadenfroh über die Schulter, ist einmal ein Störenfried, ein andermal der ungeliebte Mitesser oder der infame Dieb.

»Will ich in mein Stüblein gehn,
Will mein Müslein essen,
Steht ein bucklicht Männlein da,
Hat's schon halber gessen.

Will ich auf mein Boden gehn,
Will mein Hölzlein holen,
Steht ein bucklicht Männlein da,
Hat mir's halber gstohlen.«

In einer wunderbaren Ironie werden alle wichtigen Lebensbereiche des Menschen angesprochen: Haus und Garten, Essen und Trinken, Arbeit und Spiel. Dieser kleine Unhold ist überall, hat an allen Ecken und Enden seine Finger im Spiel, stört alle Bereiche, läßt nie zur Ruhe kommen.

»Will ich in mein Keller gehn,
Will mein Weinlein zapfen,
Steht ein bucklicht Männlein da,
Tut mir'n Krug wegschnappen.

Setz ich mich ans Rädlein hin,
Will mein Fädlein drehen,
Steht ein bucklicht Männlein da,
Läßt mir's Rad nicht gehen.«

Man spürt so recht, wie beim Ich-Erzähler allmählich die Nervosität wächst. Wie ist diesem elenden Wicht beizukommen, der mir keine Ruhe gönnt. Nach den ›Arbeitsstörungen‹ kamen die ›Eßstörungen‹ und selbst die harmlosen Genüsse werden gestört. Und dann kommen auch noch die Schlafstörungen dazu:

»Geh ich in mein Kämmerlein
Will mein Bettlein machen,
Steht ein bucklicht Männlein da,
Fängt als an zu lachen.«

Gegen diesen ärgerlichen Treibauf ist offenbar kein Kraut gewachsen, will man ihm ausweichen, dann ist er um so aufdringlicher wieder da, gerade dann, wenn man glaubte, ihm entkommen zu sein. – Er scheint mein Doppelgänger zu sein, mein unterdrücktes Ich, dieses seltsame Schattenwesen, das ich so gerne loswerden würde, dem ich aber unausweichlich verbunden bleibe, weil er meine versteckte Gegenseite ist. »Wir zögen es vor, immer nur Ich und sonst nichts zu sein«, heißt es bei C. G. Jung. »Wir sind aber mit dem inneren Freund oder Feind konfrontiert, und dabei hängt es von uns ab, ob er uns Freund oder Feind ist.« Es scheint so zu sein, daß dieses Schattenwesen um so peinigender sein Unwesen treibt, je mehr wir uns als Lichtwesen empfinden und die Augen verschließen vor der seelischen Kehrseite.

Aber wie soll man denn mit dem bucklichten Männlein umgehen, um nicht mehr gestört zu werden? Auch davon weiß unser Lied eine erstaunliche Strophe zu singen:

»Wenn ich an mein Bänklein knie,
Will ein bißlein beten,
Steht ein bucklicht Männlein da,
Fängt als an zu reden:

›Liebes Kindlein, ach, ich bitt,
Bet fürs bucklicht Männlein mit!‹«

Zuerst denkt man: Jetzt kommen zu den diversen Störungen auch noch Glaubensschwierigkeiten und religiöse Störfaktoren. Aber nein: Der Kobold will erlöst werden und gibt zu erkennen, daß er von mir abhängig ist. Ich soll ihn nicht davonjagen, ihn nicht verklagen und schlecht machen, ihn nicht als den bösen Wicht denunzieren. Nur wenn ich ihn in meinem Innern zulasse, ihn als meinen verborgenen Teil anerkenne, kann er erlöst werden. Nehme ich ihn ›ins Gebet‹ mit hinein, verliert er seine aggressive Neigung, muß nicht mehr störend auf sich aufmerksam machen und verliert sein rebellisches Wesen.

In einer autobiographischen Skizze geht Walter Benjamin auf das bucklicht Männlein ein, glaubt er doch, »jene Sippe« zu kennen, weil er oft genug von seiner Mutter in sie eingereiht worden ist (»›Ungeschickt läßt grüßen‹, sagte sie mir immer, wenn ich etwas zerbrochen hatte oder hingefallen war«). Wirklich: Dieses Männlein wohnt nicht in der Ferne, es ist uns sehr nah, so nah allerdings, daß wir es nicht zu Gesicht bekommen. »Ich hab es nie gesehn«, sagt Benjamin, »es sah nur immer mich. Und desto schärfer, je weniger ich von mir selber sah.« Das ist es. Wer sich selbst nicht als dieses ambivalente Wesen erkennt, mit seinen Diskrepanzen und inneren Spannungen, dem kommt sein abgespaltener dunkler Bruder als störender Rebell entgegen, den er bekämpfen und besiegen oder zumindest vertreiben muß.

Es mag uns zu denken geben, daß uns in so vielen Märchen erzählt wird, wie der Held oder die Heldin an die Grenze ihrer Möglichkeiten kommen, sich ratlos hinsetzen und zu weinen beginnen. Oder es heißt da, ein Gang in die Tiefe müsse angetreten werden, in einen Brunnenschacht oder eine Erdhöhle, wo die Kröten wohnen. Im Märchen vom ›armen Müllerbursch und dem Kätzchen‹ (KHM 106) muß der Kleinknecht lange Zeit als Diener von Katzen wirksam sein. Erst wenn dieser Gang gewagt wurde und dieser Dienst absolviert, kommt der Mensch zu seiner Mündigkeit und Reife und findet seinen Platz und kann seine Aufgabe erfüllen. Die Freundschaft mit den Kröten und Katzen, mit wilden Hunden und herumziehenden Füchsen ist nötig, weil dadurch auch eine Vertrautheit mit eigenen seelischen Tiefenschichten verbunden ist. Das scheint immer auch mit einem Schrecken einherzugehen: Gehört das auch zu mir, sind diese unheimlichen Wesen Bewohner meines Innern? Aber diese Freundschaft trägt dazu bei, daß der Mensch ›ins Gleichgewicht‹ kommt: Er muß sich nicht mehr überschätzen, braucht sich keinen Denkmalsockel bauen, auf den er zu stehen kommt, sondern weiß, was er für ein ambivalentes Geschöpf ist. Er weiß aber, daß sich in ihm neben dem Schatten auch Licht findet, daß die Wahrheit über unsere Vielschichtigkeit und Doppelbödigkeit auch zu einer neuen Freiheit führt.

Die wunderbare Flöte

Ein Vater hatte drei Söhne. Der älteste und der zweite, ja, das waren fleißige Burschen. Morgens in der Frühe zogen sie auf den Acker und arbeiteten dort den ganzen Tag. Muhammed aber, der dritte, war so faul, daß er nie auf den Acker ging. Statt zu arbeiten, saß er zu Hause und rauchte aus seiner langen Tabakspfeife. Den ganzen Tag konnte er dasitzen und rauchen, das war seine Arbeit.

Eines Tages war den beiden Ältesten das Faulenzen ihres jüngsten Bruders so zuwider, daß sie zu ihrem Vater gingen und ihm sagten: »Entweder arbeitet Muhammed mit uns auf dem Feld, so wie wir es tun, oder wir werfen ihn zum Haus hinaus. Der Vater erschrak über ihre Rede, ging aber zu seinem Jüngsten und redete ihm ins Gewissen. Muhammed antwortete: »Gut, Vater, ich werde es versuchen.«

Am nächsten Tag ging er zwar mutig auf den Acker und mühte sich bei der Arbeit ab. Aber nach ein paar Stunden warf er sich ins Gras und weinte. Höhnisch riefen ihm seine Brüder zu: »Heule nicht, Muhammed, arbeite lieber!« Da sprang er auf und lief nach Hause.

Als er zu seinem Vater kam, sagte er: »Lieber Vater, meine Versuche waren vergebens. Ich kann nicht arbeiten, wie es meine Brüder tun, ich müßte sterben. Und weil sich meine Brüder doch nur über mich ärgern würden, will ich lieber in die Ferne ziehen und sehen, ob ich dort mein Glück finden kann. Leb wohl, mein Vater!«

Nun wollte der Vater seinem Jüngsten wenigstens Geld mit auf die Reise geben, aber Muhammed sagte: »Ich habe ja nicht gearbeitet und nichts verdient, wie könnte ich da meinen Brüdern etwas wegnehmen?« So ging er also mit leeren Taschen. Lediglich seine Tabakspfeife und eine alte Angelrute nahm er mit.

Als er zu einem Fluß kam und merkte, daß sich der Hunger zu regen begann, warf er die Angel aus und zog sie langsam wieder zurück. Aber es hatte kein Fisch angebissen. Ein zweites Mal warf er sie aus und zog sie langsam wieder zurück. Wieder hatte kein Fisch angebissen. So warf er die

Angel zum dritten Mal aus und zog sie zurück. Nun merkte er, daß die Schnur von etwas zurückgehalten wurde. Vorsichtig zog Muhammed weiter, siehe da, er hatte einen kleinen Fisch gefangen. »Das ist kein sehr großer Fang«, sagte er, »aber es ist das erste Mal, daß ich etwas in meinem Leben selbst verdient habe.«

Nun wollte er den kleinen Fisch zubereiten und braten. Als er ihm aber den Bauch aufschnitt, fand er darin eine kleine, wunderschöne Flöte. Er steckte sie in seine Tasche.

Nach seiner kärglichen Mahlzeit machte sich Muhammed wieder auf den Weg und kam nach langer Wanderung an ein Wasser, das einem Fürsten gehörte. Der Fürst hatte einen Diener angestellt, der sollte darauf achten, daß niemand aus dem Wasser tränke. Muhammed ging auf ihn zu und sagte: »Magst du ein wenig aus meiner Pfeife rauchen, der Tabak ist gut. Derweil werde ich mich etwas an dem Wasser erfrischen, mich ausruhen und auf meiner Flöte blasen.« Der Wärter hatte nichts einzuwenden, griff nach der Pfeife und rauchte.

Muhammed setzte sich an den Brunnenrand und blies auf seiner Flöte. Da verstummten die Vögel, die in den Bäumen gezwitschert hatten. Die Fliegen hörten auf zu brummen und setzten sich hin. Die Fische steckten ihre Köpfe aus dem Wasser und schwammen nicht mehr weg. Der Wärter ließ die Pfeife ausgehen, und selbst die Tochter des Königs in der Stadt horchte auf die seltsamen Flötentöne.

Als sich die Prinzessin nach dem Flötenspieler erkundigte, war dieser schon wieder weitergezogen und zu einem einsamen Haus gekommen, das im Wald stand. In dem Haus wohnte eine alte Frau, die war böse und hatte schon seit Jahren nichts als Schimpfworte gesprochen. So schlimm war sie, daß sich niemand mehr in die Nähe des Hauses wagte. Muhammed zog seine Flöte heraus und begann zu blasen. Da schwiegen im ganzen Wald die Vögel, die Quellen hörten auf zu rieseln, die Blätter hörten auf zu rauschen, sogar die böse alte Frau legte ihr Ohr an die Ritze der Haustür. Als Muhammed seine Flöte absetzte, kam die böse alte Frau aus dem Haus, lachte über das ganze Gesicht und sagte: »Du guter Mann, kann ich dir einen Dienst erweisen?« Der junge Mann sagte: »Bring mir schnell ein wenig zu essen, und dann zeig mir den nächsten Weg in die Stadt.« Sie brachte das Beste, was sie auftreiben konnte, und war hilfsbereit und freundlich. Dann eilte sie voraus, um Muhammed den Weg zur nächsten Stadt zu zeigen.

In der Stadt aber herrschte ein schlimmer König, der so böse war, daß er sogar seine eigenen Kinder getötet hatte. Die Menschen in der Stadt lebten in dauernder Angst vor der schrecklichen Willkür des Königs. – Muhammed ritt in die Stadt hinein, und er ritt bis zum Haus des Königs. Dort setzte er die Flöte an den Mund. Sogleich schwiegen alle Menschen und alle Tiere. Die Mauern der Häuser neigten sich, um zu lauschen. Der Wind hörte auf zu wehen.

Auch der König hatte zugehört. Er begann zu weinen und zu schluchzen, und als der Fötenspieler seine Flöte abgesetzt hatte, trat er ans Fenster und rief über den Platz, so daß alle Leute es hören konnten: »Ich weiß jetzt, daß ich sehr schlecht war. Du guter Mann, komm schnell herauf, damit ich dich auf meinen Platz setzen kann. Du sollst mein Sohn sein und König werden. Ich aber werde sogleich sterben, weil ich meine Schlechtigkeit erkannt habe.«

Da ging der junge Mann die Stufen zum Palast hinauf und wurde von dem sterbenden König mit seinen letzten Kräften auf den Thron gebracht. Und er bat Muhammed, ein besserer König zu werden, als er es selbst gewesen sei.

Mittlerweile war die Prinzessin des Nachbarlandes in die Stadt gekommen und fragte, ob die Leute nicht einen Flötenspieler gesehen und gehört hätten, der so wunderbare Melodien spiele, daß es einem das Herz verwandeln könne. Sie wurde in den Palast gewiesen und erlebte dort gerade mit, wie die Bewohner der Stadt ihrem neuen König die Huldigung darbrachten. Der junge König holte seine kleine Flöte heraus und spielte so wunderbar, daß die Herzen der Menschen und Tiere laut schlugen. Selbst der Mond, der hoch am Himmel stand, neigte sich mit der ganzen Schar der Sterne zur Erde hinab. Und obwohl es Nacht war, kam leuchtend rot die Sonne hervor, um zu lauschen. Am innigsten aber horchte die Prinzessin auf die süßen Töne, wie schon ihr Herz am lautesten geklopft hatte.

Und wenn der alte Mann recht hatte, der mir die Geschichte erzählt hat, dann hat der junge König die Prinzessin geheiratet. Die kleine Flöte, die ihnen so viel Glück gebracht hat und die eine solche Macht hatte, die werden sie wohl sorgsam verwahrt haben.

Afrikanisches Märchen

Lebensquell und Brunnentiefe

Über die Symbolik des Wassers

»Nichts auf Erden ist so weich und schwach
Wie das Wasser.
Dennoch, im Angriff auf das Feste und Starke
Wird es durch nichts besiegt:
Das Nicht-Sein macht ihm dies leicht.
Schwaches besiegt das Starke;
Weiches besiegt das Harte.«

Das ist eines der Grundworte der Geistesgeschichte, vor
etwa 2800 Jahren von Lao-tse in seinem Tao-Te-King aufgezeichnet.[1] Wasser steigen aus der Tiefe auf und befruchten
die Erde, geheimnisvolle Wasserläufe durchziehen die Erde
wie Lebensadern, Wasser sammelt sich, bis es durch seine
Fülle an Kraft gewonnen hat und in die Höhe getrieben
wird, um als Quelle in Erscheinung zu treten. Das Wasser ist
ein bewegliches Element und will sich nicht fassen lassen: Es
entzieht sich, versickert und versteckt sich, es verdunstet,
um sich dann wieder durch alle Ritzen zu drängen, sich
machtvoll zu behaupten, als Regenguß herabzuschütten,
zum Strom anzuschwellen und die Erde zu überschwemmen. Und die Gewässer drängen nach unten, lassen sich
nicht aufhalten, nehmen mit, was sich ihnen in den Weg
stellt, bis sie im herrscherlichen Meer ihr vorläufiges Ziel
finden und ein weiterer Kreislauf beginnt. Das weiche Wasser hat eine ungeheure Kraft, wer kann es leugnen. Es ist das
Wasser, das der Erde ihre besondere Gestalt gegeben hat,
weil es furcht und prägt und schleift und rundet, es löst bisherige Gestaltung auf, verändert alles und wird zum entscheidenden Faktor der Wandlung.
Wie einfallsreich ist unsere Sprache, wenn es darum geht, die
Wirksamkeit und das Lautwerden des Wassers zu kennzeichnen: Es donnert und dröhnt, es zischt und gluckert, es
spritzt, träufelt und gurgelt, es flutet und quillt, es murmelt
und rauscht, es brandet und überschwemmt, es tröpfelt und

versickert, es kann lispeln und wirbeln. Und es bewirkt Taten und muß viel erleiden.

Aber dieses Element, das keine Farbe hat, keinen beschreibbaren Geschmack, keinen Geruch, es ist der entscheidende Lebensspender, das Reservoir der Erneuerung, die Voraussetzung für die fruchtbare Entfaltung des Daseins.[2] Aus dem Wasser kommt das Leben, dort konnte es seinen Anfang nehmen, von dort konnte es sich ausbreiten. Auch der Mensch braucht einen kleinen Teich, die mütterliche Fruchtblase, um sich auf das eigene und selbständige Leben vorzubereiten. »Wir sind alle ›Wassermänner‹ und ›Wasserfrauen‹«, sagt Günter Altner.[3] Und wenn auch die Entwicklung vom Wasser zum Land geht, die Verbindung zum Wasser darf nicht abbrechen, soll das Leben nicht in Gefahr geraten.

Besteht nicht auch der Menschenleib vorwiegend aus Wasser? Und ist nicht das Austrocknen und Verdursten eine Urgefahr? Permanent brauchen wir die Zufuhr von Flüssigkeiten, Durst erinnert uns an die elementarste Abhängigkeit, vom Flüssigen werden wir durchströmt, damit wir beweglich bleiben und geschmeidig. Wir müssen einen Durst behalten, der uns Ausschau halten läßt nach dem kühlenden oder wärmenden Naß, nach der Reinigung, Erfrischung und Erneuerung. Fehlt das Wasser, dann muß alles Leben absterben und vertrocknen, zu Staub und Moder werden oder versteinern.[4]

Aber das Wasser braucht auch den Gegensatz: das Feste und Gestaltgewordene. Die polaren Gegensätze bedingen sich ja gegensätzlich, sie stoßen aufeinander, müssen miteinander kämpfen, sich abgrenzen, aber sie bilden erst zusammen das Ganze. Was wäre das Meer ohne das Festland, ohne die Inseln; das Immerbewegliche und das Festgewordene erinnern uns daran, daß das Dauernde und das Sichwandelnde in einer Spannung zueinander stehen.

Und auch im Menschenleben gibt es diesen fruchtbaren Gegensatz: Wie wir in unserem Leib das stabile Knochengerüst haben und die elastischen Muskeln und Sehnen, das strömende Blut, so haben wir auch in unserem seelischen Dasein die durchgetragene Identität, die Überzeugung von der verläßlichen personalen Dauer, daneben aber wandeln wir uns ununterbrochen, machen wir neue Erfahrungen und werden durch die weiterfließende Zeit verändert. Einerseits möchten wir bleiben, wie wir sind, andererseits wacht auch das Verlangen auf, ins Gestaltlose zurückzusinken, das bewußte Ich aufzugeben und ein Tropfen im Urwasser des Daseins zu werden.[5]

Wir pendeln zwischen dem Traum und dem Wachsein hin und her, sinken im Schlaf in einen Zustand vorgeburtlicher Existenz zurück, tauchen gleichsam in ein kollektives Urmeer, um dann wieder zur Bewußtheit und Verantwortlichkeit zurückzukehren. Offensichtlich braucht auch das seelische Leben den Wechsel von Ebbe und Flut, von Verfestigung und Verflüssigung, von Eintauchen und Auftauchen, von Meerestiefe und stabilem Festland. Wer sich nur mit dem Festen identifiziert, vertrocknet und versteinert, wer nur das Flüssige als sein Element erkennt, ist in der Gefahr des Zerfließens, des Verwässerns, der Auflösung.

»Ariston to hydor«, Wasser ist das Beste, das hat schon der Vater des philosophischen Denkens, Thales von Milet, gewußt. Eine Ehrfurcht vor diesem lebenspendenden Element war den Menschen der Frühzeit und noch des Mittelalters ganz selbstverständlich. Manchmal mußte man auch Angst haben vor der Urmacht des Wassers, wenn es sich als ungebändigtes Chaos zeigte, als verschlingende und überwältigende Kraft, aber die Hochachtung und der Respekt standen doch immer im Vordergrund. Es mag zu der verheerenden ökologischen und ethisch-kulturellen Krise unserer Gegenwart wesentlich beigetragen haben, daß wir diese Ehrfurchtshaltung zumeist verloren haben. Wasser hat ganz einfach zur Verfügung zu stehen, es ist das selbstverständliche billige Hilfsmittel, man kann es nutzen und verschmutzen, der unbekümmerte Eingriff in das der Natur innewohnende Regelsystem hat aber katastrophale Folgen. Die Vergiftung der Gewässer wirkt sich unheilvoll aus, das Meer als große Müllkippe, die Überdüngung der Böden, die Absenkung des Grundwassers, die lieblose Kanalisierung der Flüsse usw. – all das bedroht nun plötzlich die Lebensgrundlagen der ganzen belebten Schöpfung. Die Wüsten wachsen weiter, die Wasserknappheit weiter Landstriche, das Versiegen der Quellen – all das sind Warnzeichen, die wir beachten müssen, um das Weiterleben möglich zu machen. Das Leben ist aus dem Wasser »geschöpft« worden, deshalb ist Schöpfung entstanden, so sagen uns manche Etymologen. Die Ehrfurchtslosigkeit und Gedankenlosigkeit des menschlichen Tätigkeitsdranges bedroht mit dem Wasser die Gesamtheit des Daseins.

Auf welche Weise machen wir Wassererfahrungen? Wir müssen einmal so durstig gewesen sein, daß wir schon befürchteten, verdursten zu müssen, um die Kostbarkeit und rettende Kraft und belebende Wirkung eines Schluckes Wasser wahrzunehmen. – Oder wir konnten schon einmal beobachten, wie eine ganze Landschaft darunter litt, keinen Regen zu haben, wie die Felder verdorrten und das Getreide dahinkümmerte. Und als dann endlich der ersehnte Regen kam, konnten sich die gequälten Pflanzen in einer erstaunlich kurzen Zeit wieder erholen, und die Blumen fingen wieder zu blühen an.

Aber auch die kontrastierenden Erfahrungen gehören dazu. Da will der Regen nicht aufhören und verwandelt eine Landschaft in einen riesigen Morast oder einen See. Da brechen die Dämme, Flüsse überschwemmen das Land, der ›blanke Hans‹ zerstört die Deiche und überspült ganze Inseln. – Und hat nicht jeder von uns schon einmal eine Situation erlebt, wo er nahe am Ertrinken war: wir haben uns zu weit in die See gewagt und wurden von einem Priel in die offene See gespült; oder wir wurden von einem Krampf gepackt und konnten nicht mehr weiterschwimmen ...

Solcher Geschehnisse müssen wir eingedenk sein, wenn wir uns um ein intensiveres Verständnis des Wassers bemühen. Dem Verlangen nach dem Wasser steht die Angst vor der Übermacht des Wassers gegenüber. Nicht umsonst ist im Märchen so häufig vom Wasser des Lebens *und* des Todes die Rede. Das Wasser wird gesucht, aber den Wassermassen muß auch ein Wehr entgegengesetzt werden. Das Wasser dient der Selbsterkenntnis (der »Wasser-spiegel« zeigt uns unser Antlitz), aber diese Selbstbetrachtung kann auch – wie bei Narziß zur selbstverliebten egozentrischen Selbstbespiegelung führen und uns ins eigene Ich einsperren. – Die Alten sprachen vom Wasser der Erkenntnis und dem Trank, der die prophetische Gabe wachruft, aber sie kannten auch

103

das Wasser des Vergessens, Lethe, das uns das eigene Ich völlig auslöscht. Sie sehnten sich nach dem Heilwasser und dem Jungbrunnen, fürchteten dagegen das verschlingende Todeswasser, in dem alles Lebendige untergeht. Und die Märchen kennen nicht nur die Quellen frischen Lebenswassers, sondern auch die verwünschten Brunnen im Wald: wenn man aus ihnen trinkt, wird man in ein Tier verwandelt und verliert seine menschliche Gestalt.

Horchen wir auf die vielen Stimmen der Mythen und Märchen, um uns in eine andere Einstellung zum Wasser einzuüben. Vielleicht kann uns das helfen, die eigene Existenz in ihrer Hintergründigkeit, ihren Chancen und Gefahren besser zu begreifen.

Wenn das Wasser als so elementare Wirklichkeit erfahren wird, dann muß es ja eine göttliche Gabe sein, ein Geschenk der Götter, ja vielleicht sogar eine Erscheinungsform Gottes. Es braucht uns nicht zu wundern, daß Okeanos zu den ältesten Gottheiten gehört, daß Thetis und Triton, Poseidon, die Najaden und Tritonen als göttliche Wesen verehrt worden sind. Aber auch in den Quellen und Flüssen, den Strömen und Teichen wohnen geheimnisvolle Wesen, die sich bemerkbar machen können und ihr Eigenleben haben.[6]

Die Repräsentanten des Meeres partizipieren an der unerschöpflichen Veränderungsfähigkeit des Wassers. Proteus ist der Inbegriff eines sich dauernd wandelnden Wesens. Meint man ihn endlich zu packen, hat er sich schon wieder in etwas ganz anderes gewandelt und entzieht sich so dem Zugriff. Die Quellnymphen spenden das kostbare Wasser, aber sie wollen auch verehrt und geachtet sein. Und in den Seen und Teichen wohnen ambivalente Wesen, die helfen und beistehen können, aber manchmal auch gefährlich werden, weil sie Menschen in ihre Tiefe ziehen und nicht mehr hergeben.

Immer wurde die Wasserwelt auch als ein Grenzbereich angesehen, der dem Menschen nur teilweise zugänglich ist, ihm aber in seiner unauslotbaren Tiefe verschlossen bleibt. Der Eingang in die Unterwelt und zum Totenreich führte in vielen mythischen Traditionen durch das Wasser. In den Bezirken des »Ur-sprungs« wohnen die Götter, die Geister, die Ahnen. Aber auch der Gang zum Paradies mag durch das

Wasser oder über das Wasser führen. Hinüber zu gelangen mag manchem gelingen, wird er aber auch wieder in die Menschenwelt zurückfinden?

Die Völker, die am Meer wohnten und lange Küsten hatten, die Bewohner der Inseln im Meer, sie waren vor die Notwendigkeit gesetzt, sich auf die hohe See zu wagen, um Fische zu fangen und um Waren aus anderen Zonen herbeizuschaffen. Das Meer mit seinen riesigen Wassermassen und seinem wechselnden Wetter, den gefährlichen Stürmen und seinen Sturzwellen war eine natürliche Grenze, die zunächst respektiert, aber irgendwann auch als Herausforderung empfunden wurde. Man muß sich aufmachen und ein Floß bauen, ein Schiff entwerfen, das Feste und Sichere verlassen und sich einer schwankenden Nußschale überlassen, um unbekannte Ufer zu erreichen, fremde Völker und Kulturen. Und weil in der unbekannten Ferne auch die sagenhaften Schätze und Reichtümer erhofft werden, sind immer wagemutige Abenteurer und kühne Eroberer bereit, sich auf die Suche zu begeben. Die Fischer, die seefahrenden Kaufleute und die abenteuerlustigen Haudegen haben aus dem Meer eine befahrbare Straße gemacht, sie haben Seewege entdeckt und den Lebensraum der Menschen erweitert. Aber die Seefahrt war mehr als eine berufsmäßige Tätigkeit, sie wurde zu einer Metapher für die menschliche Existenz schlechthin mit all den Gefahren und trügerischen Hoffnungen, aber auch mit der Chance, reich und glücklich zu werden. Viele kehren nicht zurück, wer aber die Heimat wieder erreicht, ist reich an Erfahrung geworden, vielleicht kann er als Weiser und Kundiger in der Heimat wirksam werden.

Der Inbegriff eines umgetriebenen Seefahrers in der griechischen Antike ist die Gestalt des Odysseus. Zehn Jahre irrt er durch die Meere auf der Suche nach seiner Heimat Ithaka, erlebt gewaltige Stürme, Schiffbrüche, wird auf sagenhafte Inseln verschlagen und erlebt die bewegendsten Abenteuer. Aber schließlich kehrt er doch in seine Heimat zurück und kann sein königliches Amt wieder antreten und weise regieren.

In der Märchenwelt von Tausendundeiner Nacht ist es Sindbad der Seefahrer, der immer wieder auf große Reisen gelockt wird, in äußerste Gefahr gerät, mit letzter Kraft nach

Hause kommt und sich vornimmt, nie mehr ein Schiff zu besteigen und aufs Meer zu fahren. Aber die Abenteuerlust oder dringliche Aufträge lassen ihn die ausgestandenen Gefahren vergessen, er verläßt Bagdad und wagt sich wieder auf die hohe See. »Da schalt ich mich ob dessen, was ich getan hatte, so daß nun meine Seele solche Qualen litt, nachdem sie einst Ruhe gehabt. Und ich sprach zu mir selber: ›O Sindbad, du lässest es doch nie; jedesmal gerätst du wieder in Not und Gefahren, doch läßt du nicht ab vom Reisen zur See ... Nun dulde auch alles, was über dich kommt; denn du verdienst alles, was dir widerfährt!‹«[7] Zu den charakteristischen Abenteuern gehörte es, daß die Seeleute eine schöne, paradiesartige Insel entdeckt hatten, mit süßen Früchten und schattigen Bäumen. Als man sich aber dort niederließ, Feuer brannte und Essen zubereitete, stellte sich heraus, daß die Insel gar keine Insel war, sondern ein riesiger Fisch, der jahrhundertelang geschlafen hatte und nun durch die Feuer aufgeweckt in die Tiefe tauchte. Nur mit Mühe konnte sich Sindbad mittels eines Zubers retten. Sindbad kommt aber von seinem Reisetrieb nicht los, obwohl er sagt: »Ich habe Abscheu vor dem Reisen, und wenn man mir nur von Reisen zur See und anderswo spricht, so erzittern meine Glieder um all der Fährlichkeiten und Schrecknisse willen, die ich erlitten und durchgemacht habe. Jetzt trage ich gar kein Verlangen mehr danach, und ich habe mir geschworen, nie mehr Bagdad zu verlassen«.[8] Wer weiß, ob er nicht durch eine besondere Verlockung oder die Umstände genötigt wird, seinen Schwur zu brechen und sich doch wieder auf die hohe See zu begeben.

Es scheint eine Berufung zum Seefahrer zu geben: er erobert Neuland, verbindet die Länder und Kontinente, bringt Kunde von der Ferne, weitet den Horizont der Menschen, indem er die Lebensart und kulturelle Besonderheit von fremden Menschen weitertransportiert, damit aus den unterschiedlichen Völkern eine Menschenfamilie werden kann; aber er kann auch den Boden bereiten für Eroberungszüge und grausame Unterdrückung.

Es wird uns nicht wundern, daß gerade an den verschiedensten »Waterkanten« der Fischfang und die Seefahrt auch zum Thema der Märchen wird. In einem Märchen aus Pommern ist davon die Rede, daß ein alt und bequem gewordener reicher Seemann seine beiden Schiffe seinem Sohn und seinem Schwiegersohn übergab mit der Weisung, in fremden Landen Handel zu treiben. Aber bald zeigen sich die Tücken der Seefahrt: das Schiff des noch unerfahrenen Sohnes wird leck, der Schwager ist nicht bereit zu helfen, so muß der junge Kapitän den nächsten Hafen ansteuern, um das Schiff reparieren zu lassen. Beim Landgang stößt er auf einen Galgen, an dem ein Toter hängt, den keiner bereit ist zu beerdigen, weil er seine Schulden nicht bezahlt hat. Mitleidig kommt der junge Mann für die Kosten der Bestattung auf und setzt schließlich seine Fahrt fort. Im weiteren Verlauf der Geschichte wird sich der Hingerichtete als »dankbarer Toter« hilfreich und rettend einschalten und als Helfer den Kapitän seinem Lebensglück zuführen. Auch hier – wie in vielen anderen Märchen – ist die Ausgangsphase der Geschichte eine Entscheidungssituation: Hier muß sich zeigen, ob der Held sich ansprechen läßt vom Elend und Unglück eines Menschen und zu handeln bereit ist oder ob er sich davor drückt. Die »christliche Seefahrt« erwartet von einem Seefahrer, daß er sich in die Not anderer einfühlen kann und tatkräftig für Abhilfe sorgt.[9]

Hungersnöte und Unterdrückung führten in vielen Ländern dazu, sein Heil in Übersee zu suchen. Auch die Auswanderung und das Fußfassen in der Fremde, die mühsame Kolonisation, konnte sich in den Erzählungen niederschlagen.

»Ein Schiff fuhr nach Amerika mit einer Menge Leute, die sich dort ansiedeln wollten«, so beginnt ein schottisches Märchen.[10] »Nun geschah es aber, daß sie in die Nähe des Landes kamen an einer Stelle der Küste, wo viele Felsen und Riffe waren: Das Schiff scheiterte und alle kamen um, bis auf einen Mann und seine Frau. Diese beiden gelangten an Land auf einem Stück Holz vom Wrack des Schiffes.« – In dieser ›Exposition‹ des Märchens kommt schon die Doppelgesichtigkeit der Meerfahrt zum Vorschein: Einerseits überantwortet man sich dem Schiff, weil es neue Horizonte öffnen soll und eine Zukunft naherückt; aber auch die Gefährlichkeit der hohen See wird betont. Die ›Arche‹ ist untergegangen, ein einziges Paar hat überlebt, nun kann die Menschengeschichte weitergehen. – Auch hier wird die Hilfe und Förderung von Prüfungen und Bewährungen abhängig gemacht. Dem Paar wird ein Sohn geboren, der einem seltsamen grauen Mann übergeben werden muß: Er wird ihn erziehen, ihm auch als magischer Helfer beistehen, wenn er seinem Rat folgt. Eine der Bewährungsproben besteht darin, einen Fisch, der durch eine Woge aufs Land geworfen wurde, wieder seinem Element zurückzugeben. Und weil er es tut, macht er sich den König der Fische gewogen. Fortan kann er mit der Hilfe des Fürsten der Meerregion rechnen. Wie häufig wird von den hilfsbedürftigen Fischen berichtet, die gefangen werden oder sich außerhalb des Wassers befinden und nach ihrem Element Verlangen haben. Alles hängt davon ab, daß ein Mensch sich von dieser Notsituation ansprechen läßt, daß er offen für diesen ›Anruf‹ ist. Vollzieht er das Werk der Barmherzigkeit, dann kann er die Gunst des Fischkönigs oder des Herrn der Meere gewinnen. Dann wird das Meer sich mit seinem gütigen Antlitz zeigen, und man darf auch von den Früchten des Meeres leben. Respektiert man die Eigengesetzlichkeit des Meeres und schützt seine ihm innewohnenden Bewohner, dann braucht man auch die Tücken der heranbrandenden Wogen nicht mehr zu fürchten. Das Dunkel wird vertraut, das Verschlingende verliert seine angsterregende Bedrohlichkeit, der tödliche Bereich wird zur vertrauten Heimat. – Wer sich aber als Eindringling dem Meer nähert, das Getier ehrfurchtslos ausbeutet, ohne Einfühlung mit den Fischen und den anderen Seebewohnern umgeht, der hat mit der Rache des nassen Elements zu rechnen, das Meer schlägt feindlich zurück und bemächtigt sich des Eindringlings.

Auf atemberaubende Art wird die allmähliche Veränderung des Meeres und seine bedrohliche Reaktion in dem Märchen »Von dem Fischer und syner Fru« (KHM 19) geschildert. Jedesmal, wenn der Fischer zum Meer kommt, um die ausufernden Wünsche seiner Frau dem Butt vorzutragen, findet er eine andere Situation vor. Zunächst sieht er nur »dat blanke Water«, aber schon beim nächsten Mal ist das Meer »ganß vigelett un dunkel blau un grau un dick«. Als er wieder hin muß, ist das Meer »ganß swartgrau, dat Water ... stünk ook ganß fuul«. Aber auch jetzt zieht er noch keine Konsequenzen, er läßt sich wieder hinunterschicken, erschrickt jedoch selbst: »es füng al so von ünnen up to geeren, dat et so Blasen smeet, un et güng so en Keekwind äwer hen, dat et sik so köhrd.« Beim letzten Gang steht die Katastrophe schon unmittelbar vor der Tür: »Buten awer güng de Storm un bruusde, dat he kuum up den Föten stan kunn; de Huser un de Bömer waiden üm, un de Baarge beewden, un de Felsenstücken rullden in de See, un de Himmel wöör ganß pickswart, un dat dunnert un blitzd, un de See güng in so hoge swarte Bülgen as Kirchentöörn un as Baarge, un de hadden bawen all ene witte Kroon von Schuum up.«

Manchmal hat man den Eindruck, daß das Märchen auch eine prophetische Funktion bekommt, eine seherische Qualität, es macht warnende Voraussagen für den Fall, daß die Menschen alle Vorzeichen und Menetekel nicht beachten. Das pommersche Märchen, bekanntlich von Philipp Otto Runge aufgezeichnet, führt uns in beklemmender Weise die Stationen einer sich immer mehr verdüsternden gequälten Kreatur vor Augen. Wachsen die Ansprüche der Menschen ins Unermeßliche, wird also die Welt unbekümmert ausgeplündert und verantwortungslos übermächtigt, dann ist irgendwann der Punkt erreicht, der ins Verderben führt. Das bereitet sich Schritt für Schritt vor, die warnenden Zeichen werden immer drastischer. Wenn die letzte Grenze überschritten ist, bricht das ganze menschliche Prachtgebilde wie ein Kartenhaus zusammen.

Aber das Märchen kennt auch den glücklicheren Ausgang. Im Verständnis der Mythen und Märchen ist das Meer nicht nur von Fischen, Robben, Walen und Seekühen bevölkert, sondern von zahllosen anderen Wesen, von Meerweibchen und Meerjungfrauen, von Wassermännern und Undinen. Sie steigen aus dem Meer auf und können sich sowohl von einer gefährlichen wie von einer liebenswerten Seite zeigen.

»Es war einmal eine Fischersfrau«, so beginnt ein flämisches Märchen[11], »und die wohnte mit ihrem einzigen Töchterchen in einem kleinen Haus am Meeresstrand. – Das Kind war wie von der See verzaubert. Es spielte nirgends lieber als im gelben Sand, wo die Ebbe Tausende von Muscheln, Meerhörnern und fremde Pflanzen zurückließ. Es hopste dort fröhlich im Wasser und sprang mit beiden Füßen gleichzeitig über die kleinen Wellen, die aus der Ferne anrollten.« Wenn wir diesen Märchenanfang hören, werden wir schon gleich merken, daß es nicht so fröhlich weitergehen wird, wie es begonnen hat; das Meer wird bald seine andere Seite zeigen. Und wirklich ist das Kind bald spurlos verschwunden. Die Fischersfrau, die schon ihren Mann im Meer verloren hat, sucht nun auch verzweifelt nach ihrem Kind. Ein wunderbarer Gesang steigt aus dem Meer empor, ein Meerweibchen mit langen, offenen Haaren voll Wasserblumen wird sichtbar, die von einem köstlichen Palast aus Kristall berichtet, in dem ihre Liebchen spielen. Die Mutter darf nach langem Bitten in die Tiefe der See hinuntersteigen und ihr Kind beim Spiel mit anderen Kindern beobachten. Wie aber wird es ihr gelingen, das Kind wieder mit nach oben nehmen zu können? – Sie muß zuerst einen Mantel aus ihrem eigenen Haar weben, was die Mutter auch gleich beginnt. So wie sie einmal ihrem Kind im eigenen Leib zur Existenz verholfen hat, so trägt sie mit dem Opfer des eigenen Haares dazu bei, daß sie ihr Kind aus der verschlingenden Wassertiefe rettet. Die Haare werden gleichsam zum Rettungsseil für die Heimkehr in den oberen Bereich.

Sich sinken lassen, sich hergeben, sich treiben lassen, sich dem Strom überlassen, mit dem Strom schwimmen, dahintreiben, sich vertiefen, sich in etwas versenken, das sind alles Ausdrücke, die ihre positive und ihre fragwürdige Seite haben. Offenbar gibt es eine Zeit des Sich-Hergebens und eine Zeit des Sich-Behauptens, eine Zeit, wo man sich loslassen muß (z. B. um in den Schlaf zu sinken) und eine Zeit des Aufwachens und des Sichaufrichtens. In der »Traumzeit« tauchen wir in die unbewußten Reiche hinunter und entdecken unbekannte Zonen unserer eigenen Seele, aber dort dürfen wir nicht bleiben, auch das Auftauchen ist wichtig und die Hinwendung zu den realen Gegebenheiten des Alltags. Wer ›unten‹ bleibt, der verliert den Wirklichkeitsbezug und verfällt den Illusionen oder er wird süchtig nach einem tödlichen Rauschzustand, der zum Tode führt. – Wer aber den Abstieg in die Seetiefen scheut und die Konfrontation mit dem Dunkel verweigert, der bleibt oberflächlich und verleugnet seine Tiefenschichten.

Wir sollten nicht vergessen, daß unser Wort »Seele« etymologisch mit »See« zusammenhängt: Man stellte sich vor, die Seele wohnte ursprünglich in der Tiefe des Sees, sie gehörte zum See, sei von dort unten aufgetaucht und sinke nach dem Tod auch wieder dorthin zurück; so jedenfalls wußten es die germanischen Mythen. Dort unten in der Tiefe wohnen aber auch die Herrinnen des Wassers, die Hüterinnen der Quellen; sie haben eine ambivalente Mächtigkeit, können das Leben fördern, können aber auch gefährlich werden. Wer sich gut mit ihnen stellt und dadurch ihre Gunst gewinnt, kommt zu Reichtum und Ansehen, das Mädchen bekommt den ersehnten Mann, die Frau das erwünschte Kind. – Im estnischen Märchen von den »Zwölf Töchtern«[12] hört die Frau den Ruf, sie solle in der Johannisnacht zur Dorfquelle gehen. »Geh zur Quelle, geh zur Quelle, wo deines Glückes Wasseradern rieseln«, und sie bekommt die Zusage: »Das Wasser des Brunnens wird den Kindern mehr Gedeihen bringen als die beste Kost.« Am Ende des Märchens offenbart sich die geheimnisvolle Gestalt: »Ich bin die oberste Wasserbeherrscherin, alle Wasseradern, welche aus der Erde quillen, stehen unter meiner Botmäßigkeit.«

Manchmal steigt auch ein Wassermädchen aufs trockene Land, so erzählen es die Sagen – und die Dichter der Romantik haben es mit Vorliebe aufgegriffen. Die Liebe zu einem sterblichen Mann hat sie dazu getrieben, oder die List eines Mannes hat ihnen die Rückkehr in ihr Element verwehrt.[13] Nun werden die Undinen und Melusinen zur tüchtigen Ehefrau und Mutter, aber sie behalten ein Geheimnis, das nicht gelüftet werden darf. Sind die Männer neugierig und schauen zur verbotenen Zeit in die Kammer, dann müssen sie wieder Abschied nehmen und kehren ins Wasser zurück. Gewinnen sie ihr verstecktes Fischgewand zurück, dann ist kein Halten mehr, eine geheime Sehnsucht scheint sie mit ihrer Herkunft zu verbinden, auch die Liebe zu ihrem Mann und die Sorge für ihr Kind hält sie nicht. – Gefährdet ist die Ehe von Wasser und Erde, von Tiefe und Höhe, von Flüssigem und Festem. Und wenn nicht jeder in seinem Geheimnisbereich respektiert wird, wenn er nicht seine persönliche Intimität wahren kann, dann zerbricht nur zu leicht das balancierte Gleichgewicht.

Hat das Wasser eigentlich weiblichen oder männlichen Charakter? Spontan werden wir es als weibliches und mütterliches Element ansehen. Die fruchtbaren Wasser der mütterlichen Tiefe, die Geburtsvorgänge aus dem Wasser, die Quellflüsse aus den Erdspalten und viele andere Phänomene legen es nahe. Und auch die Wassergeister und -gottheiten sind meist weibliche Wesen. – Aber es ist auch eine andere Betrachtungsweise möglich. Der herabfließende Regen hat zeugerische Funktion, er befruchtet die weiblich-mütterliche Erde, damit sie trächtig wird und eine neue Ernte hervorbringt. Und auch der Bach, der Verlauf des Flusses, der mächtige Strom, sie können als männliche und aktiv-prägende Naturkräfte angesehen werden. Das verspritzte Wasser erinnert an den männlichen Samen. Man muß wohl von einer androgynen Struktur der Elemente – und damit auch des Wassers – ausgehen.

Das gilt auch für die Quelle, den Ursprungsort des hervortretenden Wassers. – In einem überlieferten Mythos der Pueblos[14] fragt ein vaterlos aufgewachsener Junge seine Mutter nach dem Vater. Sie will ihm keine Antwort geben, er aber hört nicht auf mit seinen Fragen und verläßt sie schließlich, um flußaufwärts zu wandern, bis er am Pferdetafelbergort die Quelle findet. Er ist davon überzeugt, daß der Vater in dieser Quelle lebt. Als ihm dort ein unbekannter Mann begegnet, wird er von diesem gefragt, wen er suche. »Ich will meinen Vater sehen«, antwortet er, und schließlich: »Ich weiß, daß du mein Vater bist.« Da legte der Mann seinen Arm um den Nacken des Jungen. »Der Vater war sehr froh, daß sein Junge gekommen war, und er nahm ihn mit ins Innere der Quelle hinab.« – Es wird also vom Menschen verlangt, daß er seine Quelle, den Ort seiner Herkunft, aufsucht, damit er den Vater kennenlernt und von ihm den Segen bekommt und damit er, zurückgekehrt, an des Vaters Stelle wirksam werden kann. Der Weg »ad fontes« ist keine Regression, sondern die Besinnung auf die eigene Herkunft, die Vergewisserung über die grundlegende Basis der eigenen Existenz. Die mütterlichen wie die väterlichen Bindungen sind dabei wichtig, erst beide zusammen können zur Eigenständigkeit eines persönlichen Weges führen. Die Schau zurück geschieht um der Entscheidung nach vorn willen;

wer die Quelle kennt, aus der er kommt, bekommt einen Auftrag für das Kommende.

Zu den Lieblingsmotiven unserer Märchen gehört die Suche nach der Quelle und dem Lebenswasser. Wenn über ein Volk oder eine Stadt die Not hereinbricht, wenn Hunger und Durst drohen oder verheerende Krankheiten die Menschen drangsalieren, dann muß einer ausziehen und einen Krug vom Wasser des Lebens holen; oder es muß einer den verschütteten Brunnen, die versiegte Quelle, wieder zum Fließen bringen. Letztlich geht es nicht nur um die Linderung einer Not, um die Stillung eines übermächtig gewordenen Durstes, sondern um eine viel radikalere Schicksalswende, die Überwindung von Krankheit, Alter und Tod. Die Sehnsucht geht dahin, daß es irgendwo einen geheimnisvollen Bronn geben müsse, der dem Menschen die Sterblichkeit nimmt und die Unsterblichkeit verleiht. Von Alexander dem Großen wird berichtet, er habe seine Offiziere instruiert, sie sollten bei den großen Kriegszügen auf alle Brunnen achten, ob sie nicht vielleicht den Quell der Unsterblichkeit finden könnten. Als eines Tages Alexanders Leibkoch einen Trockenfisch für die Mahlzeit bereitete, rutschte er ihm aus der Hand, fiel in einen Brunnen – und wurde sofort lebendig und schwamm davon. Leider berichtete er aus Angst erst Tage später von dem Vorfall: Die Soldaten schwärmten aus, fanden aber den Brunnen nicht mehr. Nur einmal wird diese Chance angeboten. – Noch in der Zeit der Entdeckung und Eroberung von Mittelamerika durch die Spanier geisterte der Mythos von der Quelle, die ewige Jugend verleiht, durch die Phantasie der Männer. Juan Ponce de Leon schickte Schiffe aus, die das Land Bimini mit seiner wundertätigen Quelle suchen sollten, die sie zwar nicht fanden, dafür aber die fruchtbare Halbinsel Florida.

Das Märchen ist da zuversichtlicher: Da wird zwar auch von der Not berichtet, die entstanden ist durch das Versiegen des Lebensbrunnens, der die ganze Stadt in seinem entscheidenden Nerv bedroht; aber es kommt einer, der Hilfe schafft, die Störung behebt und den Brunnen wieder zum Fließen bringt. Nun öffnet sich die Zukunft erneut, die Hoffnung kehrt zurück (vgl. KHM 29). – Im Märchen »Die beiden Wanderer« (KHM 107) wird erzählt, daß auf dem Schloßplatz einer Königsstadt kein Wasser springen will. Nun soll der arme Schneider dafür sorgen, daß das Wasser »mitten im Hof mannshoch aufsteigt und hell ist wie Kristall«. Dazu ist er natürlich nicht in der Lage. Aber das Füllen, das er einmal verschonte, ist nun erwachsen geworden, auf diesem Pferd reitet er in die Stadt, »jagte es dreimal rundherum, schnell wie der Blitz, und beim drittenmal stürzte es nieder. In dem Augenblick aber krachte es furchtbar; ein Stück Erde sprang in der Mitte des Hofs wie eine Kugel in die Luft und über das Schloß hinaus, und gleich dahinterher erhob sich ein Strahl von Wasser so rein wie Kristall, und die Sonnenstrahlen fingen an darauf zu tanzen.«

Die Symbolkundler sagen uns, das Pferd habe eine Beziehung zur Totenwelt und könne mit seinen Hufen Quellen aus dem Erdboden schlagen. Wo der Tod wohnt, ist auch das Leben zu Hause. Das Pferd scheint ein vermittelndes Wesen zwischen Tod und Leben, zwischen dem Erdhaften und dem Luftigen zu sein, zwischen der Finsternis und dem Licht. In den Märchen wird das Pferd häufig zum Seelenführer und zum wahrsagenden und helfenden Wesen, das die rettenden Lösungen findet. So kann es in unserem Märchen auch die ersehnte Fontäne hervorbringen, muß aber dabei wohl sein Leben lassen. Vielleicht geht dieses Motiv noch auf die alten Pferdeopfer der Germanen und anderer Völker zurück.

Auf jeden Fall ist bei den alten Völkern die Vorstellung verbreitet gewesen, daß derjenige, der in der Trockenzeit Wasser findet und in der Not die Quellen erschließt, ein Retter und Heilbringer ist und es verdient, zum König ausgerufen zu werden. – Schon die biblischen Patriarchengeschichten erzählen ja vom entscheidend wichtigen Brunnenbau Abrahams und Jakobs, die Brunnen bekommen geheimnisvolle Namen (»Brunnen des Lebendigen, der mich sieht«) und werden zum Treffpunkt und Versammlungsplatz der Menschen. Wo sich Wasser findet, da kann man leben. An den Flüssen sind die Hochkulturen entstanden, am Nil, am Euphrat und am Tigris, am Indus und Jang-tse. Die Ströme und Flüsse lockten die Menschen an, forderten sie heraus, weckten ihre Intelligenz. Man mußte sich vor Überflutung schützen, mußte aber die Wassermenge nutzen, wenn sie über das Land hereinbrach. Natur und Kultur kamen sich näher, als man lernte, Dämme zu bauen und Flußläufe zu regulieren. Die Bewässerungstechnik machte Wüsten fruchtbar, der Schiffsbau verband die entlegensten Provinzen.

Aber die Beobachtung des Wassers weckte auch die Denkkraft des Menschen und ließ ihn zum Philosophen werden. »Panta rhei«, erkannte Heraklit, alles fließt, alles ist im Fluß, bewegt sich, verändert sich und wandelt sich, alles geht seinem Untergang und einem Neuwerden entgegen. Das Leben ereignet sich in rhythmischen Wellenbewegungen: Nichts kann festgehalten werden, aber es gibt Kreisläufe und regelmäßige Zyklen. Und wenn wir über die Zeit nachdenken, fällt uns gleich der Wasserlauf ein, das Weiterrinnen des Wassers, die Stromschnellen der eilig weiterfließenden Zeit oder die Langeweile der trägen Zeit. Aber »keiner steigt zweimal in den gleichen Fluß«, das wußte schon Heraklit, auch keine Zeit kann zurückgerufen werden, wenn sie vorüber ist.

Die Geschichte des Menschen ist eine Wassergeschichte. Aus dem Wasser kommt er, vom Wasser ist er abhängig, Wasser bedroht ihn und Wasser rettet ihn. Die Griechen nahmen an, daß am Ende seines Lebens Charon die Menschenseele über den Totenfluß setzen müsse, damit er ins Schattenreich gelange. Und er trinkt dort von der Quelle »Lethe«, es ist der Trank des Vergessens. – Wir aber wollen, solange wir noch leben, vom Quell »Mnemosyne« trinken, dem Trank der Erinnerung. Und sind nicht die Mythen und Märchen die köstlichsten Substanzen dieses Quells?

Achten wir auf die Wege des Wassers, damit es für uns Lebenswege sind.

»Vom Himmel kommt es,
Zum Himmel steigt es,
Und wieder nieder
Zur Erde muß es,
Ewig wechselnd ...

Seele des Menschen
Wie gleichst du dem Wasser!
Schicksal des Menschen,
Wie gleichst du dem Wind!«[15]

Anmerkungen

[1] *Lao-tse,* Tao-Te-King, Kapitel 78, in der Übersetzung von Günther Debon, Stuttgart 1961, 109.

[2] *Antoine de Saint-Exupèry* hat diese Erfahrung in seinem berühmten Buch »Wind, Sand und Sterne« (Düsseldorf 1956, 165f) so ausgesprochen: »Wasser, du hast weder Geschmack noch Farbe noch Aroma. Man kann dich nicht beschreiben. Man schmeckt dich, ohne dich zu kennen. Es ist nicht so, daß man dich zum Leben braucht: du selber bist das Leben! Du durchdringst uns als Labsal, dessen Köstlichkeit keiner unserer Sinne auszudrücken fähig ist. Durch dich kehren uns alle Kräfte zurück, die wir schon verloren gaben. Dank deiner Segnung fließen in uns wieder alle bereits versiegten Quellen der Seele. Du bist der köstlichste Besitz dieser Erde. Du bist auch der empfindsamste, der rein dem Leib der Erde entquillt ... Du bist eine leicht gekränkte Gottheit! Aber du schenkst uns ein unbeschreiblich einfaches und großes Glück.«

[3] *Günter Altner, Carl Amery, Robert Jungk, Jürgen Schneider,* Lebenselemente. – Feuer, Wasser, Luft, Erde, Freiburg 1985, 35.

[4] Vgl. dazu: *Hermann Timm,* Dimension der Tiefe – Wasser, in: Das Weltquadrat. Eine religiöse Kosmologie, Gütersloh 1985; *Barbara Blum-Heisenberg,* Die Symbolik des Wassers. Baustein der Natur – Vielfalt der Bedeutung, München 1988; *Jan Heiner Schneider,* Wasser, in: *Hermann Kirchhoff* (Hg.), Ursymbole und ihre Bedeutung für die religiöse Erziehung, München 1982; *Otto Betz,* Elementare Symbole. – Zur tieferen Wahrnehmung des Lebens, Freiburg 1987.

[5] Bei *Richard Wagner* gibt es die Formulierung »Unbewußt – höchste Lust«, *Gottfried Benn* spricht von der »thalassalen Regression« in seinem Gedicht »Regressiv« (Gedichte, Frankfurt/M. 1982, 203):
»am Horizont die Schleierfähre,
stygische Blüten, Schlaf und Mohn,
die Träne wühlt sich in die Meere –
dir: thalassale Regression.«

[6] Vgl. dazu: *Karl Kerényi,* Die Mythologie der Griechen. – Die Götter- und Menschheitsgeschichten, Darmstadt 1956.

[7] Die Erzählungen aus den tausendundein Nächten, Band IV (in der Übertragung von *Enno Littmann*), Wiesbaden 1953, 191.

[8] AaO., 202.

[9] Der Schiffer und die drei Königstöchter von Engelland, in: Ich will in die weite Welt gehen. – Vom Abenteuer des Lebens; deutsche Märchen seit Grimm (hg. von *Otto Betz*), Hameln 1991, 132f.

[10] Das Schiff, das nach Amerika fuhr, in: Schottische Volksmärchen (hg. von *Hannah Aitken* und *Ruth Michaelis-Jena*), Düsseldorf 1965, 51.

[11] Das singende Meerweibchen, in: Märchen der Niederlande (hg. von *A. M. A. Cox-Leick* und *H. L. Cox*), Düsseldorf 1977.

[12] Die zwölf Töchter, in: Die Wasserfrau (hg. von *Hanna Moog*), Köln 1987, 98–104.

[13] Vgl. dazu: *Hartmut Böhme,* Kulturgeschichte des Wassers, Frankfurt/M. 1988.

[14] *Joseph Campbell*, Der Heros in tausend Gestalten, Frankfurt/M. 1978, 330f.

[15] *Johann Wolfgang von Goethe*, Gesang der Geister über den Wassern.

Der Korb, der nicht aufgedeckt werden durfte

Vor langer, langer Zeit, da lebte einmal in unserem Land ein Mann, der eine große Rinderherde besaß, und alle seine Tiere hatten schwarz-weiß-gepunktete Felle, diese schwarz-weiß-gepunkteten Felle seiner Tiere waren seine besondere Freude. Deshalb trieb er seine Herde auch immer auf die besten Weideplätze, sie sollten das erlesenste Futter finden und sollten sicher sein vor den wilden Tieren, kein Löwe sollte sie je erschrecken. Wenn der Abend kam, brachte er alle seine Tiere in den Kraal zurück, betrachtete sie, wie sie dastanden und wiederkäuten, und dachte bei sich: ›Morgen früh werde ich viel kostbare Milch zu melken haben.‹

An einem Morgen ging er wieder in seinen Kraal und hoffte aufs neue, daß die Euter seiner Kühe prall von Milch sein würden; wie erstaunt war er aber, als er sie schlaff und leer vorfand. Zunächst suchte er die Schuld bei sich selbst und nahm an, die Weide hätte kein gutes Gras mehr hergegeben. Deshalb suchte er einen Weidegrund, der voll von saftigem Gras war mit vielen nahrhaften Kräutern.

Als er die Tiere am Abend nach Hause trieb, war er überzeugt, am nächsten Morgen volle Euter mit köstlicher Milch vorzufinden. Aber auch jetzt mußte er mit Staunen feststellen, daß er aus den schlaffen Eutern keinen Tropfen Milch melken konnte.

Auch am dritten Tag erging es ihm nicht anders: Trotz der guten Weide gaben die Kühe keine Milch. Nun war er sich ganz sicher, daß es hier nicht mit rechten Dinge zugehen konnte. Er versteckte sich am Abend im Kraal, um die Tiere zu beobachten. Um Mitternacht sah er plötzlich, daß eine Strickleiter aus dem Himmel herunterkam, an ihr hing – luftig und sanft schwebend – eine ganze Gruppe junger Frauen, die schön anzusehen waren und sich lustig zulächelten, als sie sich in den Kraal hineinschlichen, um alle Kühe leerzumelken.

Als das unser Mann sah, sprang er schnell aus seinem Versteck, um die Milchdiebinnen zu fangen, sie aber stoben in Windeseile auseinander und waren schon wieder über ihre luftige Leiter davongeeilt, ehe er bei ihnen angelangt war. Eine aber hatte sich etwas verspätet, die konnte er festhalten, und als er sie sich genauer anschaute, stellte er fest, daß es die allerschönste war.

›Dich laß ich nicht mehr los‹, sagte er zu ihr, und weil sie ihm so gut gefiel, machte er sie zu seiner Frau. Von nun an ließen sich die anderen Himmelsmädchen nicht mehr blicken, so daß er auch wieder seine Tiere melken und die Milch gewinnen konnte.

Seine Frau war fleißig und ging täglich auf die Felder, um zu arbeiten, während er sich um seine Herde kümmerte. Und da sich ihr Wohlstand mehrte und sie glücklich zusammen waren, hätte er zufrieden sein können, wenn es da nicht einen Umstand gegeben hätte, der ihn quälte: Als er seine junge Frau für sich gewonnen hatte, hatte sie einen Korb bei sich getragen, der mit einem Deckel versehen war. Und sie bat ihn dringend, nie und nimmer den Deckel von dem Korb zu nehmen. wenn er es dennoch tun würde, käme großes Leid über sie alle.

So vergingen die Wochen und die Monate. Eines Tages war der Mann allein zu Hause, da überkam ihn die Lust, doch einmal in den Korb hineinzuschauen, er ging in die Ecke, wo er im Halbdunkel stand, schaute hinein und brach in ein lautes Gelächter aus.

Als seine Frau wieder nach Hause kam, wußte sie schon, was geschehen war. Mit Tränen in den Augen sagte sie zu ihm: ›Du hast in den Korb geschaut!‹ Er leugnete es nicht, sagte aber lachend dazu: ›Was bist du für ein dummes Ding, daß du so ein geheimnisvolles Getue um diesen Korb machst. Es ist ja gar nichts drin!‹ Er hatte noch nicht zu Ende geredet, da wandte sie sich von ihm ab, ging den Hügel hinauf, wo gerade die Sonne unterging, und verschwand. Niemals wieder ist sie auf Erden gesehen worden.

›Und weißt du‹, sagte die Frau, die diese Geschichte erzählt hat, ›weißt du, warum die Frau weggegangen ist? Nicht einfach deshalb, weil der Mann sein Versprechen gebrochen hat, das hätte sie ihm vielleicht noch verzeihen können. Daß er aber in dem Korb nichts gesehen hat, daß er meinte, er sei

119

leer, wo doch all die himmlischen Kostbarkeiten darin lagen, die sie mitgebracht hatte, daß er nichts sehen konnte und noch darüber lachte, das war unverzeihlich.‹

Südafrikanisches Märchen

(Frei nacherzählt nach: *Laurens van der Post,* The creative pattern in primitive Afrika, in: Eranos Jahrbuch 1956, Zürich 1957)

Von Apfelmädchen
und Marzipankönigen

Mann und Frau im italienischen Märchen

Wovon erzählen die Märchen, was steht im Mittelpunkt dieser alten und ewig jungen Volkserzählungen? Da ist vom Weg des Menschen die Rede, von seinem Sehnen und Hoffen, vom Verlangen nach Glück, von abenteuerlichen Verstrickungen, von Gelingen und Versagen, vom Erreichen und Verfehlen des Zieles. Aber die Grundstimmung des Märchens ist hoffnungshaft: trotz aller Widerstände und vieler Irrwege kann das Ziel erreicht werden. Und was ist das Ziel? Der Zauberer wird besiegt, der Drache getötet, der Schatz wird gehoben, der Verzauberte erlöst, der Königsthron errungen. Aber nur in wenigen Märchen fehlt die Hochzeit, das endliche Zusammenfinden von Mann und Frau. Durch die meisten Märchen zieht sich der rote Faden, daß Mann und Frau auf der Suche nacheinander sind und daß erst dann das wahre Glück gefunden worden ist, wenn sich die Richtigen begegnet sind und sich vereinigt haben.

»Als Mann und Frau erschuf Gott den Menschen«, so lesen wir es im ersten Buch der Bibel. »Es ist nicht gut, daß der Mensch allein sei.«[1] Und Plato hat den alten Mythos überliefert, der Mensch sei ursprünglich ein androgynes Ganzheitsgeschöpf gewesen, er sei aber zerteilt worden. »Als nun die Menschen so zerteilt waren, sehnte sich jeder Halbmensch nach Vereinigung mit seiner anderen Hälfte ... Seit dieser Zeit ist der Liebestrieb in den Menschen erwachsen, als ein Vereiniger zu ihrer alten Natur, der da versucht, aus zweien wieder eine zu machen und die Menschennatur zu heilen ... Was wir Liebe nennen, ist also das Verlangen und Streben nach dem Ganzen ... Werden wir dem Eros freund und stellen uns auf guten Fuß mit ihm, so werden wir Wege finden, unseren eigenen Hälften zu begegnen, was von den jetzigen Menschen nur wenigen gelingt.«[2]

Begegnen wir nicht in den Märchen immer wieder diesen

Liebesgeschichten, in denen von der Suche des Mannes nach seiner weiblichen Entsprechung, vom Verlangen der Frau nach dem ihr gemäßen Partner erzählt wird? Und ist es nicht tröstlich, daß in den meisten Geschichten auch davon berichtet wird, daß diese Sehnsucht in Erfüllung geht und die ›Richtigen‹ sich finden. Allerdings darf nicht verschwiegen werden, wie lange die Suche manchmal dauert, wie gefahrvoll der Weg in vielen Fällen ist, wie häufig auch eine ›falsche Braut‹ auftaucht oder untergeschoben wird. Und oft genug muß die Braut erst aus der Macht schrecklicher Unholde oder übler Drachen gerettet werden, muß der Bräutigam erst aus seiner infantilen Mutterbindung oder aus seinem Schlaf des Vergessens und Verdrängens herausgeholt werden.

Wer den Eros zum Lehrer genommen hat, der kann sich menschlich entfalten, kann all das verwirklichen, was in ihm angelegt ist, »wen aber die Liebe nicht berührt hat, der muß im Dunkeln bleiben«, wie es in Platos ›Symposion‹ heißt.[3] Wenn man es genau betrachtet, dann ist beinahe jede Dichtung Liebesdichtung, eine erotische Komponente durchzieht fast alle Geschichten, zumal die Märchen. Das ist so in den Märchen aller Völker, überall finden wir Grundmotive und thematische Übereinstimmungen. Aber es kommt ja auch auf das spezifische Kolorit an, auf die sprachlichen Akzente, die fabulierende Entfaltung der gemeinsamen Motive. Schauen wir also einmal auf die italienischen Märchen.

I.

Italo Calvino, einer der bedeutendsten italienischen Märchensammler, spricht vom Märchen als dem »Buch der Schicksale, die einem Mann und einer Frau begegnen können, vor allem in jenem Lebensabschnitt, in dem sich das Schicksal herausbildet: in der Jugend, von der Geburt, die oft unter einem bestimmten Vorzeichen oder einem bösen Stern steht, bis zur Trennung von der Heimat und bis zu den Prüfungen, an denen man heranwächst und dann reif wird, um sich als menschliches Wesen zu bestätigen«.[4] Und Calvino zählt einige Motive auf, die in zahllosen Variationen behandelt werden: »die Verfolgung der Unschuld und ihre

Rettung als einer Dialektik, die jedem Leben eigen ist; die Liebe, die den Menschen erfaßt, bevor er sie noch kennengelernt hat, und die dann sogleich als verlorenes Glück erlitten wird; das gemeinsame Geschick, einem Zauber zu unterliegen, das heißt von undurchsichtigen und unbekannten Mächten gelenkt zu werden, und die Anstrengung, sich aus ihrer Umklammerung zu befreien und nach eigenem Willen zu handeln, die als elementare Pflicht verstanden wird, verbunden mit der anderen Pflicht, die Mitmenschen zu befreien – oder vielmehr: sich allein gar nicht befreien zu können, sondern nur, indem man auch andere befreit.«[5]

Diese treffliche Kennzeichnung der Märchen ist sicher nicht allein auf die italienische Tradition anwendbar. So verschieden sind die Schicksale der Menschen nicht, daß sie sich in jedem Land und jeder Sprachregion anders ereignen würden. Und bekanntlich überwinden die Märchenmotive mit Leichtigkeit alle Grenzen. Dazu kommt, daß in Italien nicht nur das Märchenerzählen, sondern auch das Märchensammeln eine lange Tradition hat. Wenn wir uns auf Musäus berufen und natürlich besonders auf die Brüder Grimm und andere, dann verweisen die Italiener auf Gian Francesco Straparola (etwa 1495 bis 1557), der schon im 16. Jahrhundert eine Märchensammlung herausgegeben hat und vor allem auf orientalische Märchen zurückgriff; und Giovanni Battista Basile, Graf von Torone (1575 bis 1632) hat mit seinem ›Pentamerone‹ (›Lo Cunto de li Cunti‹ – Geschichte der Geschichten) eine bis heute berühmte Sammlung neapolitanischer Märchen herausgebracht. Carlo Gozzi und viele andere Dichter holten sich ihre Stoffe bei den Volkserzählern, um sie ihren Spielen und Dichtungen zugrunde zu legen.

II.

Es braucht uns nicht zu wundern, daß sich auch im italienischen Märchen manche Klischeevorstellungen vom Bild und Rollenverständnis des Mannes und der Frau finden. Volkserzählungen sind Spiegelungen einer Gesellschaft, ihrer Denkformen und Vorstellungsmuster. Es sind viele Faktoren, die sich dabei auswirken: das vom Brauchtum bestimmte Rollenverhalten, die religiöse Prägung, die verinnerlichten ethischen Normen und Ideale, die von den beruflichen Aufgaben übernommenen Lebensbereiche und die Verteilung der sozialen Pflichten, die Riten der Begegnung der Geschlechter, die liberale oder rigide Einstellung zur Sexualität, die Einstellung zur vorehelichen Enthaltsamkeit und zur ehelichen Treue usw., all das wirkt sich in den Märchen ebenso aus wie bei den Volksliedern, den Sprichwörtern, den Gesellschaftsspielen. – Es ist aber auffällig, daß in den italienischen Märchen auch der Protest gegen das Rollenklischee der Geschlechter zu Wort kommt, es werden Gegenbilder und Kontrastmodelle erzählerisch angeboten, so daß ein durchaus differenziertes Bild von Mann und Frau aufscheint.

Daß die Frau vor allem schön zu sein hat und lieb dazu, daß sie darauf wartet, von einem jungen Helden erweckt und heimgeholt zu werden, das findet sich natürlich auch in manchen Märchen. Das Mädchen ist manchmal ein Posten im Kalkül der väterlichen Heiratspolitik und wird nicht gefragt, ob ihr die elterliche Wahl eines Partners genehm ist. Die konventionellen Regeln verlangen den aktiven Mann und die eher passive Frau, die höchstens Ausdauer, Leidensbereitschaft und Selbstlosigkeit einzubringen hat. Aber daneben gibt es eben auch die aktive Frau, die die Angelegenheiten selbst in die Hand nimmt und mit List und Geschick eine Lösung findet, gerade dann, wenn die Männer versagen. Aber zum Spektrum des Frauenbildes gehört auch die bösartige und grausame Frau, die im Hintergrund Intrigen einfädelt, die heimtückisch ihre Machtpolitik betreibt und herzlos ihren egozentrischen Weg geht. Aber ganz ähnliche Verhaltensweisen werden auch von Männern berichtet. Charakteristischer für die Wirksamkeit der Frau ist es vielleicht, daß sie den Mann zu großen Taten treibt und ihn dazu veranlaßt, die üblichen Grenzen zu überschreiten. Sie hat eine magische Anziehungskraft und macht aus dem Mann einen Helden – oder einen Hanswursten.

Da sich in den Märchen oft altes mündliches und schriftliches Überlieferungsgut findet, kann man verklärende und idealisierende Frauenbilder finden, aber auch misogyne Vorstellungen, die davon ausgehen, daß die Frau es war, die das

Böse in die Welt gebracht hat. Schon in den ›Gesta Romanorum‹ (dem Geschichtenbuch des Mittelalters) finden sich Geschichten mit dem Titel ›Die Ungetreue‹, ›Von dem feinen Trug der Weiber‹, ›Wie man den Weibern nicht trauen darf‹, ›Von der Untreue einer Kaiserin‹ usw., aber es sollte nicht vergessen werden, daß im gleichen Buch auch die Wankelmütigkeit der Männer, ihre Undankbarkeit und Unzuverlässigkeit nicht unterschlagen wird.

In mancher Hinsicht sind die Schicksalswege von Mann und Frau parallel: Beide Geschlechter müssen sich aus der elterlichen Welt ablösen, können in bedrohliche Situationen geraten, können gebannt und verzaubert werden. Der Erlösungsweg durch den Mann ist häufig ein kämpferischer (ein Drache muß besiegt werden), während die Frau eher einen duldenden und schweigsamen Leidensweg gehen muß. Aber es gibt auch genügend Märchen, in denen sich der Mann schweigend alle erdenklichen Martern gefallen lassen muß; und vom Mädchen wird manchmal erwartet, daß sie eine kosmische Reise antritt, um ihre verzauberten Brüder zu erlösen.

Schon der Mythos kennt die kämpferischen Amazonen und den selbstbewußten Brunhildentyp. Im Märchen gibt es – in vielen Traditionen – das Heldenmädchen, das mit seinem draufgängerischen Mut den Heldenjünglingen nicht nachsteht. – Daß die Lebensläufe von Frauen und Männern trotzdem verschieden sind, hängt natürlich auch von der unterschiedlichen Erziehung und der Vorbereitung auf ihre künftigen Berufe zusammen. Mädchen sollten zunächst einmal behütet und bewahrt werden und sich in den häuslichen Tugenden üben, während sich die jungen Männer in der Welt zu bewähren hatten und tapfer und unternehmungslustig sein sollten. – Aktiv werden die Mädchen dann, wenn ihre Not so groß wird, daß sie sie nicht mehr ertragen können oder wenn die Männer versagen. Interessant ist, daß in den Bruder-Schwester-Märchen in aller Regel das Mädchen die klügere und realistischere Figur ist, die drohende Gefahren erkennt und Lösungen findet, während der Bruder eher ungeschickt ist und blind in die Gefahren rennt. – Oft müssen sich die Mädchen allerdings als Männer tarnen, müssen in Männerkleidung schlüpfen, wenn von ihnen verlangt wird, eine gefährliche Reise anzutreten und große Taten zu vollbringen. Vor allem dann ist von ihnen Unerschrockenheit, Kaltblütigkeit und ruhige Sicherheit verlangt, wenn sie es mit einem Blaubart oder einem Räuberbräutigam zu tun bekommen.

III.

Was wird von einem Mädchen erwartet? Natürlich, daß es arbeitsam und fleißig ist und die Mühen nicht scheut. Gewöhnlich wird die Diskrepanz zwischen Fleiß und Faulheit an einem unterschiedlichen Schwestern- (oder Stiefschwestern-)paar veranschaulicht. »So lebte das Mädchen allein bei seiner Stiefmutter und einer Stiefschwester. Die Stiefmutter aber war sehr böse zu ihr, und sie erhielt mehr Schläge als Essen und mehr böse Worte als gute. Während ihre Stiefschwester faul herumlag, mußte die Arme alle Arbeit allein machen«.[6]

Aber bei den Burschen ist es – in ihrem Aufgabengebiet – nicht viel anders. Eine alte Frau »hatte zwei Söhne, von denen war der eine recht von Herzen gut, der andere aber war bös. Während der eine immer auszog, um das Kleinvieh des Dorfes zu hüten und so seiner Mutter half, das tägliche Brot zu verdienen, war der andere zu keiner Arbeit zu bewegen, sondern lag faul zu Hause.«[7]

Als das Mädchen zum Haus des Waldkönigs kam, begann sie »zugleich, in dem Hause Ordnung zu machen, und da sie auch gut zu kochen verstand, wurde der Waldkönig sehr zufrieden und vergnügt«.[8] Das sind natürlich die Tugenden, die den Männern gefallen, aber man sollte diese Fähigkeit zupackender Aktivität auch von einer anderen Seite betrachten: Das Mädchen tut das, was jetzt getan werden muß, sie hat einen klaren Blick für die Notwendigkeit ›dieser Stunde‹, sie denkt nicht nur an sich selbst, sondern ist bereit, das jetzt Not-wendige zu tun. Es geht nicht einfach um Arbeitseifer und Fleiß, sondern um das Erkennen des rechten Augenblicks, um Mut und Unternehmungslust, um die rechte Zuversicht. Und bei der Faulheit geht es eigentlich mehr um die geistige Stumpfheit, um die innere Fäulnis des Herzens und die Trägheit des Gemüts.

IV.

Wie karg sind die Erzähler der Volksmärchen, wenn sie die Schönheit eines Mädchens kennzeichnen wollen! Sie beschreiben nicht, sondern deuten nur an. »Das Mädchen war schön wie die Sonne und der Mond«, heißt es da einfach.[9] Und nun muß es dem Erzähler mit dem Timbre seiner Stimme und der Sprachmelodie gelingen, beim Zuhörer eine seelische Tür aufzuschließen: vor dessen inneren Auge soll ja ein Mädchen »wie Milch und Blut« erscheinen, ein Wesen, das verzaubern kann und die Sinne verwirrt. »Die Königin gebar ein Mädchen, das war so schön, daß der König sich nicht zu fassen wußte und ein großes Fest anstellte.« Es wird also gar nicht der Versuch gemacht, die besondere Schönheit und den Charme des Kindes zu beschreiben, es wird nur die Wirkung auf den Vater berichtet, der sich nicht fassen kann vor dem beseligenden Wunder des schönen Kindes und sogleich an die Vorbereitung eines Festes geht. Eine Formel genügt, jetzt ist es dem Zuhörer überlassen, sich das zauberhafte Wesen vorzustellen und in seiner Phantasie zu ergänzen. Jeder hat schließlich seine eigenen Ideale.

Basile freilich möchte der Phantasie mehr ›Stoff‹ zuliefern, er hat schließlich seine Märchen aufgeschrieben, und da fließen seine Bilder in die Worte und Sätze. Als das Mädchen aus dem Heidelbeerzweig in das Bett des Königssohnes gesprungen ist und dieser es zu Gesicht bekommt, da »erblickte er die Blume der Frauen, das Wunder der Schönheit, den Spiegel und Augapfel der Venus, den reizendsten Zauber Amors, erblickte ein Püppchen, ein liebliches Täubchen, eine Fata Morgana, ein herrliches Gemälde, ein goldenes Geschmeide, erblickte eine Herzensjägerin, ein Falkenauge, einen Vollmond, ein Taubenmäulchen, einen Bissen für einen König, ein wahres Juwel, gewahrte mit einem Wort einen Anblick, um außer sich vor Erstaunen zu geraten«.[10] Und er konnte sich nicht genug tun, den »köstlichen Edelstein« als den »Triumph der Schönheit« zu preisen. – Auch Basile läßt noch Raum für unsere Phantasie, aber im barocken Überschwang muß er seine ganze Assoziationskette von Metaphern loswerden.

V.

Das Sich-Verlieben geht in den Märchen meist in Windeseile vor sich, auch die Hochzeitsversprechen gehen den jungen Männern meist schnell von der Lippe. Im Märchen vom Bär und den zwei Gevatterinnen heißt es: »Als Maria achtzehn Jahre alt war, war sie ein herrliches Mädchen geworden. Eines Tages stand sie gerade am Fenster, als ein Wagen mit einem Prinzen vorbeifuhr. Kaum hatte der Maria gesehen, als er sich sogleich heftig in sie verliebte. Er rief zu ihr hinauf: ›Ich will dich heiraten‹.«[11] – Es wird uns nicht wundern, daß ein solcher Eilgalopp des Verliebens nicht mit gleicher Geschwindigkeit zu einer dauerhaften Ehe führen kann. Das Verlieben mag sich ›auf Anhieb‹ ereignen, auf den ersten Blick, aber die Liebe muß langsam wachsen, sie muß schrittweise gelernt werden.

In vielen Variationen wird uns im Märchen die Problematik des ›Liebesüberfalls‹ vorgeführt, manchmal ernsthaft, manchmal mit einem ironischen Unterton. Basile schildert den Vorgang so: »Renzolla zog ihm (dem König) auf so geschickte Weise die Stiefel von den Füßen und das Herz aus der Brust, daß er fühlte, wie das Gift der Liebe von den Fußspitzen, die ihre schöne Hand berührte, emporstieg und ihm die Seele durchdrang, so daß er, um seinen Tod zu verhindern, sich in den Besitz des Gegengiftes jener Schönheiten zu setzen suchte und ... sie ... zur Frau begehrte.«[12]

In einem italienischen Volksmärchen wird erzählt, daß sich ein Mädchen lange Zeit in einer Höhle aufgehalten hat und von einer büffelkopfbewehrten Frau (wohl einer Initiationsmeisterin) erzogen wurde. Als sie sich erstmals wieder oben zeigen kann, geschieht ihr folgendes: »Während sie mitten auf der Wiese strickte, kam ein Jäger vorbei, der hatte sich verirrt und sah sie dasitzen. Es war der Sohn des Königs dieser Gegend. Er fing ein Gespräch mit ihr an, und es dauerte nicht lange, da hatte er sich in sie verliebt. ›Schönes Mädchen‹, sprach er, ›Ihr gefallt mir in jeder Beziehung, und wenn Ihr nicht nein sagt, so heirate ich Euch.‹«[13] – Auch hier wird nicht so schnell gegessen wie gekocht. Weil das Mädchen die Lektion ihrer Meisterin nicht recht gelernt hat, verzögert sich die Hochzeit immer wieder, erst muß ihre

Undankbarkeit und Vergeßlichkeit abgebüßt werden, muß sie den Schrecken erfahren, häßlich und unansehnlich zu werden, bis sie schließlich doch noch den geliebten Bräutigam in die Arme nehmen kann.

VI.

Von einem jungen Prinzen wird erzählt, er sei schwermütig gewesen, immer mißgelaunt und unfähig zur Freude und zum vergnügten Lachen. Und dann zerschlägt er auch noch einer alten Frau ihr Ölfläschchen, was ihn zwar zum Lachen über seinen ›Erfolg‹ reizt, aber es ist ein boshaftes Gelächter auf Kosten der Alten. Von ihr bekommt er die wütende Verheißung: »Dir wird es nie mehr gut gehen, wenn du nicht ein Mädchen aus Milch und Blut findest.«[14] Nun muß er sich auf den Weg machen, seine depressive Stimmung scheint verweht zu sein, ein imaginäres Ziel ist am Horizont aufgetaucht: das Mädchen, schön wie Milch und Blut. Nicht irgendein Mädchen darf es sein, sie muß sich abheben von allen anderen. »Ich will eine Frau haben weiß wie Milch und rot wie Blut.« Eine reine Lichtgestalt soll es sein, lauter und unversehrt, aber auch ›rot‹, also blutvoll und dynamisch. Aber solche Kontraste finden sich nicht so schnell bei einem einzigen Menschen. Entweder ist das Mädchen ›weiß‹ und lammfromm, bieder und harmlos, oder es ist ›rot‹, feurig und vital, sinnlich und voller Leidenschaft. Doch dann wird er zu dem Baum mit den drei Granatäpfeln gewiesen (in parallel gebauten Märchen kann es auch ein Nußbaum oder ein Orangenbaum sein), aber die Mädchen, die aus dieser Frucht entspringen, müssen sogleich einen Trank Wasser haben, sonst müssen sie sterben. Ohne den Lebenstrunk und den dargereichten Liebesschwall können sie nicht wirklich zum Leben kommen. Als aber dem dritten Granatapfel wirklich das ersehnte Mädchen entspringt und am Leben bleibt, könnte man meinen, das glückliche Ende sei da, es könne die Hochzeit gefeiert werden: weit gefehlt. Das wunderbare Wesen muß erst manche Schmach erleiden und die seltsamsten Metamorphosen durchstehen, bis es schließlich doch zur hochzeitlichen Vereinigung kommt. ›Wandlung‹ ist im

Märchen immer auch der Ausdruck für einen notwendigen Reifungsprozeß, und der kann schmerzhaft sein.

VII.

Es erstaunt immer wieder, wie häufig – und wie kritisch – die Partnerwahl und ihre Probleme im Märchen behandelt werden. Daß Frauen und Männer auf der Suche nacheinander sind und Sehnsucht nach einer Begegnung haben, das wissen natürlich die Märchen aller Kulturen und Traditionen. Es kommt auf die rechte Wahl an, es geht um die rechte Zuordnung, aber auch um den rechten Zeitpunkt. – Obwohl in früheren Zeiten häufig die Eltern die Partner für ihre Kinder ausgewählt haben, ist in vielen Märchen eine Option für die Liebesheirat deutlich spürbar. Das Herz der jungen Leute soll entscheiden, nicht das berechnende Kalkül.

Aber es gibt auch andere Formen der Partnerfindung. In dem Märchen ›Pezze e fogghi‹[15] wird von einem seltsamen Verfahren der Partnerwahl erzählt. Der sterbende Vater hat seinem Sohn aufgetragen: Wenn dessen drei Schwestern den Wunsch haben zu heiraten, dann soll er jeweils eine Rose auf die Straße werfen. Und wer die Rose aufhebt, der soll der Ehemann der jeweiligen Schwester werden. Die Mädchen haben lange keine rechte Lust, sich auf dieses Vabanque-Spiel einzulassen, aber im Laufe der Zeit ist dann doch eine nach der anderen dazu bereit. Die beiden älteren Schwestern haben Glück, aber bei der jüngsten ereignet sich folgendes: »Als es schon beinahe Abend war, kam da ein Wasserträger des Weges mit seinem Stock und seinem Wasserfaß. Der Wasserträger war schmutzig und häßlich wie die Nacht, und seine Beine waren mit Blättern und Lappen eingebunden. Als er die schöne Rose liegen sah, hob er sie auf und roch daran.« Wie der Vater befohlen hat, muß nun die jüngste Tochter den häßlichen und offenbar kranken Mann heiraten und sein armseliges Leben teilen. Erst am Schluß des Märchens wird offenbar, daß ›Pezze e fogghi‹ (Lumpen und Blätter) ein junger und schöner Königssohn ist, der eine Phase der Erniedrigung durchzustehen hatte. Er mußte in seiner ›Niedrigkeitsgestalt‹ ange-

130

nommen werden, damit er zu seiner ›Hoheit‹ zurückkehren durfte.

Das Märchen erinnert an den ›König Drosselbart‹ in der Grimm'schen Sammlung. Nur ist das Mädchen im italienischen Märchen kein hochmütiges und schnippisches Wesen, das sich herablassend oder ironisch über seine Bewerber ausspricht, es muß sich vielmehr der seltsamen Vorentscheidung des Vaters beugen. Mißtraute der Vater der Urteilskraft seiner Töchter? Wollte er sie einer anonymen Schicksalsmacht anvertrauen? Auf jeden Fall sollte die Jüngste eine Phase der Enttäuschung und Desillusionierung erleben, bevor sie zu ihrem wahren Glück fand.

Abgesehen von der Vater-Tochter- und der Mutter-Sohn-Beziehung ist die Begegnung von Bruder und Schwester die erste intensive (und meist auch prägende) Erfahrung des Männlichen und Weiblichen. Hier wird schon das spannungsreiche Zusammenleben, das Aufeinander-Angewiesensein und die Rivalität von Mann und Frau erfahren, freudvoll und leidvoll. Das Partnermotiv wird in den Märchen in der Geschwisterbeziehung vielfältig durchgespielt.

»Es waren einmal ein Bruder und eine Schwester, die hatten weder Vater noch Mutter und lebten allein miteinander und hatten sich von Herzen lieb. Der Jüngling war ein schöner Jüngling und hieß Muntifiuri, die Schwester aber war schöner als die Sonne.«[16] So sehr waren die beiden miteinander verbunden, daß der Bruder die Abwesenheit von seiner Schwester nur aushielt, weil er ein Bild von ihr jeden Tag anschaute und beweinte. Nun kann man sich schon vorstellen, welche Verwicklungen sich ereignen: Der König verliebt sich in das Bild, will die Schwester herbeigebracht haben. Der Bruder wird verleumdet und soll beiseitegeschafft werden. Die Schwester erweist sich als ›magische Helferin‹ ihres Bruders, steht ihm bei und rettet ihn schließlich. Die durchgetragene geschwisterliche Treue trägt dann auch dazu bei, daß die Schwester den König heiraten kann.

Aber die eifersüchtige Liebe eines Bruders kann sich auch hinderlich für die Schwester auswirken. Im Märchen ›Die Schwester des Grafen‹[17] verbarg der Bruder seine wunderschöne Schwester vor der Welt und hielt sie in einem entlegenen Teil seines Schlosses gefangen. Aber das Mädchen ließ sich dieses Eingeschlossensein auf die Dauer nicht gefallen, sondern bohrte in den Nächten die Mauer durch. Und weil sich an das Schloß des Grafen gleich das Königsschloß anfügte, gelangte das unternehmungslustige Mädchen schnurstracks in das Schlafzimmer des jungen Königs. Sie legte sich auch gleich zu dem jungen Mann unter seine Decke. Als der König erwachte, umarmte und küßte er sie und sagte: »Herrin, wo seid Ihr her, wo lebt Ihr?

Aus welchem Reiche kommt Ihr zu mir?«

Sie aber antwortet nur:

»König, was fragt Ihr, was schaut Ihr herum? Schweiget doch still und liebet mich stumm.« Das läßt sich der König nicht zweimal sagen. Aber alle Tricks, herauszufinden, wer dieses geheimnisvoll auftauchende Mädchen sein könnte, verfangen nicht. Nach einiger Zeit kommt aber das Mädchen nicht mehr zum König, erst nach neun Monaten findet er beim Aufwachen ein kleines Kind an seiner Seite, schön wie ein Engel. Und nun muß er noch einmal eine List ersinnen, um die Mutter seines Kindes zu finden. Das Kind wird in die Kirche gebracht und das Gerücht ausgestreut, es sei gestorben. Nun kommen viele Menschen, um ihrer Trauer Ausdruck zu geben, aber keine Frau macht es so jammernd und klagend wie die Grafentochter. Nun erkennt der König seine Geliebte und der Hochzeit steht nichts mehr im Wege, mag auch der Bruder der Braut noch so aufgeregt mit seinem Degen herumfuchteln.

VIII.

In dem Märchen ›Die schöne Rosenblüte‹[18] wird von einem König erzählt, der drei Töchter und einen Sohn hatte. Auch dieser König hatte die absonderliche Idee, seine Töchter den erstbesten Männern als Ehefrau zu geben, die in der Mittagszeit am Palast vorübergingen. So wird die Älteste die Frau eines Schweinehirten, die Zweite bekommt einen Jäger, die Dritte aber einen Totengräber zum Ehemann. »Allein der Prinz, der besonders die jüngste Schwester zärtlich liebte, wollte an der Hochzeit nicht teilnehmen und ging in den Garten hinunter, der sich zu Füßen des Palastes ausdehnte.«

Hier hört er nun eine geheimnisvolle Stimme: »Glücklich, wer einen Kuß von den Lippen der schönen Rosenblüte empfängt.« – Nun hatte er seine drei Schwestern verloren, wußte aber nicht, wie er den ersehnten Kuß der schönen Rosenblüte erhalten sollte. So wanderte er denn durch die ganze Welt, ohne jemand zu finden, der ihm den Weg zur Rosenblüte hätte zeigen können. Aber auf seinen Wanderungen findet er zunächst seine älteste Schwester. Der Schweinehirt ist in Wahrheit der König der Schweine und bewohnt ein herrschaftliches Schloß. Er bekommt die Weisung, dem Sonnenaufgang entgegenzuwandern, bis er zum Schloß der zweiten Schwester gelangt, die den König der Vögel zum Mann hat. Auch dort wird er weitergeschickt, bis er zur jüngsten und liebsten Schwester gelangt, die den Totenkönig geheiratet hat. Von jedem seiner Schwäger bekommt der Prinz eine magische Gabe: eine Borste, ein Bündel mit Federn, ein Totenknöchelchen. Nach einer weiteren Wanderung gelangt der Prinz schließlich in das Land, in dem Rosenblüte wohnt. Eine alte Frau bringt ihn in die Nähe des Schlosses, und als er »diese holde Blüte der Schönheit erblickte, war er so überwältigt, daß er gestürzt wäre, hätte ihn die Alte nicht festgehalten«. Durch eine List gelangt er ins Schloß: er läßt sich nämlich ein Klavizimbel bauen und versteckt sich darin. Rosenblüte bekommt zwar einen gehörigen Schrecken, als sie den Prinzen in ihrem Schlafzimmer findet, aber der Liebesfunke springt offensichtlich schnell über, sie gibt ihm einen Kuß, »doch auf den Lippen des Prinzen bleibt eine herrliche Rose hängen«. – Bevor er aber seine Braut wirklich gewinnt, muß er eine Reihe schwieriger Aufgaben erfüllen, was ihm auch durch die Rose und die magischen Gaben gelingt. Die letzte Aufgabe ist aber die merkwürdigste und schwierigste. Der König sagt: »Jetzt könnt ihr euch nach Lust und Liebe umarmen. Doch wenn ihr morgen euer Lager verlaßt, so muß ich bei euch ein Kind von zwei Jahren vorfinden, das sprechen und euch mit Namen nennen kann. Andernfalls seid ihr des Todes.« – Dem Prinzen fällt das Totenknöchlein seines Schwagers ein; er wirft es am Morgen auf den Boden – und wirklich steht »ein bildhübscher Knabe vor ihnen, der hält einen goldenen Apfel in der Rechten und ruft die Eltern mit Namen.« Nun steht der Hochzeit und der Thronübernahme nichts mehr im Wege, ein ungetrübtes Glück kann anbrechen.

Bei diesem Märchen, das übrigens schon bei Basile eine Variante hat, fällt auf, wie viele Bildmotive und verschlüsselte Metaphern es aus der Welt der Alchemie besitzt. Die lange Wanderung ist natürlich ein Symbol der Wandlung und Reifung der Person. Er kommt zu seinen Schwestern, die einem bestimmten Bereich zugeordnet sind, dem Bereich der Landtiere (vor allem der Schweine), dem Bereich der Lufttiere, der Vögel; und schließlich in die Zone des Todes, die man sich gewöhnlich in der Erdtiefe vorgestellt hat. Jetzt erst kann er in das Reich der Rosenblüte gelangen, aber in das Schloß kann er erst eintreten, als ihm eine geheimnisvolle Alte den Weg verrät. Die Musik trägt dazu bei, ins Innere zu gelangen, die ›Zaubermelodie‹, die alle Türen öffnet. Aber der herrscherliche und strenge König muß erst gewonnen werden; die schweren Prüfungen und harten Bewährungsproben sind die notwendigen Leiden, ohne die man nicht zu seiner personalen Mündigkeit gelangt. Das ganze Märchen ist durchzogen von der Suche nach der Rose. In der alchymischen Bildersprache ist die Rose das Symbol für den zu sich selbst gekommenen Menschen, der die Reifungsproben bestanden und seine wahre Integration erreicht hat. In der tiefenpsychologischen Interpretation alchemistischer Texte wird immer wieder darauf aufmerksam gemacht, daß der Mensch die Kräfte des Unbewußten in sein Bewußtsein hineinwirken lassen muß, weil das wahre Selbst nicht im engen ›Ich‹ gefunden werden kann, sondern in viel verborgeneren Tiefen wohnt.[19] Vor allem muß es zu einer ›Hochzeit‹ mit der ›Anima‹ kommen, dem gegengeschlechtlichen Seelenanteil. Animus und Anima sind die gegensätzlichen Grundkräfte, die sich vereinigen sollen, damit aus dieser Vereinigung das ›Kind‹ entstehen kann: der Mensch mit dem höheren Bewußtsein. Die Rose ist in vielen Schriften das zentrale Symbol dieser hochzeitlichen Einheit.

»Nimm die rot- und weiße Feuerrose,
und leg vereinigt sie ins angeschaffte Bett!
So zwischen diesen sanften Rosen

sollst du ein ruhmreich Kind gebären«,
heißt es in einem englischen Buch der Alchemie.

Unser Märchen kennt nicht nur die alte weise Frau, die
Wege weist und Ratschläge gibt, den alten Weisen, der den
Prinzen in die Bewährung hineinführt, sondern auch die
wissenden Schwestern und ihre Ehemänner, die unbekannte
Erfahrungsbereiche eröffnen, das Leben und den Tod kosten
lassen, damit das vollere Leben gewonnen werden kann.
Und die ganze Suchwanderung ist bestimmt von der durch-
gehenden Sehnsucht nach der schönen Rosenblüte, die erst
das Leben sinnvoll macht und die Zielgestalt darstellt.

IX.

Es ist naheliegend, daß in patriarchalisch geprägten Gesell-
schaften die Eltern vor allem auf einen männlichen Erben
hoffen. Werden aber die Söhne bevorzugt, dann geht damit
gewöhnlich eine Minderbewertung der Frau einher. Aber
man sollte auch darauf achten, daß es Gegenakzente gibt. In
dem italienischen Märchen ›Der erste Degen und der letzte
Besen‹[20] ärgert sich ein Vater von sieben Töchtern (und keinem Sohn) darüber, daß sein Nachbar, der sieben Söhne hat,
ihn jeden Morgen höhnisch begrüßt: »Guten Morgen,
Händler mit den sieben Besen.« Der Mädchenvater ist darüber so verärgert und niedergeschlagen, daß er die Schmach
reaktionslos hinnimmt und nicht einmal eine schlagfertige
Antwort findet. Als aber seine jüngste Tochter von dem
Vorgang erfährt, wird sie selbst aktiv und schlägt vor, man
solle eine Wette vereinbaren: Der ›erste Degen‹ und der
›letzte Besen‹ sollen losziehen, und wem es gelingt, Zepter
und Krone des Königs von Frankreich zu gewinnen, der ist
Sieger, das Vermögen der anderen Familie fällt dann der ›Sie-
gerfamilie‹ zu. – Im weiteren Verlauf der Geschichte wird
erzählt, daß der ›siebte Besen‹ ein wunderbares Pferd als
magischen Helfer hat, das geheime Winke geben und das
Mädchen zu seinem Ziel führen kann. Während sich der ›erste Degen‹ wenig geschickt anstellt und in seiner Plumpheit
bald die Lust an dem ganzen Spiel verliert, ist das aufge-

weckte Mädchen, das sich als Mann verkleidet hat, allen Situationen gewachsen und bezirzt schließlich auch den französischen König, dessen ›Vorschneider‹ es geworden ist. Der junge König verliebt sich in das Mädchen, dessen Geschlecht er bald durchschaut, kann sie aber nicht dazu bringen, ihr Inkognito zu lüften. Als er mit ihr zum Schwimmen geht und sie dazu bringen will, sich auszuziehen, läuft sie davon, bringt durch eine List die Herrschaftsinsignien an sich und macht sich damit auf den Heimweg. Erstaunlicherweise begnügt sich das Märchen damit, daß die Ehre der Familie wiederhergestellt und der Vater wieder aufgerichtet wird. Keiner wird mehr sagen dürfen, er habe nur ›sieben Besen‹ gezeugt. Daß das Mädchen einen verliebten König zurückläßt, ist der Geschichte unwichtig, die Hauptsache ist, daß Mädchen zu tollkühnen Taten befähigt sind, auch wenn sie sich bei ihren Abenteuern als Männer verkleiden müssen.

X.

Ein Spezifikum des italienischen Märchens ist besonders liebenswert. Da wird von einer Königstochter erzählt, die eheunwillig ist und das Alleinsein dem ehelichen Leben vorzieht, was den Vater fast zur Raserei bringt.[21] Als sie nicht mehr ausweichen kann, bittet sie den König: »Vater, wenn ihr wollt, daß ich heirate, so gebt mir einen Sack Mehl und einen Sack Zucker, ich will mir nämlich meinen Bräutigam mit meinen eigenen Händen machen.« Das ist ja nun ein herrlicher Gedanke: Jetzt kann das eigene Ideal geformt werden, Träume und Phantasien von einem Traumpartner nehmen Gestalt an. Bei Basile sind übrigens die Rohmaterialien und Zutaten komplizierter und kostbarer. »Wenn du mich liebhast, Väterchen, so bringe mir einen halben Zentner Palermozucker, einen halben süße Mandeln, vier bis sechs Flaschen wohlriechendes Wasser, etwas Moschus und Ambra, ferner etwa vierzig Stück Perlen, zwei Saphire, einige Granaten und Rubine, etwas Goldgespinst, besonders aber einen Backtrog und Kratzmesser von Silber.«[22] Und nachdem sie alle diese Zutaten beisammen hat, knetet sie aus

Mandeln und Zucker, mit Rosenwasser und Wohlgerüchen vermischt, einen wunderschönen Jüngling, verleiht ihm von Gold gesponnenes Haar, Augen von Saphiren, Zähne von Perlen und Lippen von Rubinen. Und schließlich bringt sie es auch noch fertig, daß diese Idealgestalt zu atmen und zu sprechen beginnt. An einem solchen Partner ist kein Fehl, alles Herbe und Bittere ist ausgespart, er ist als pure Süßigkeit zugegen. – Aber eines hat die Prinzessin nicht bedacht: Der Traummann ist so schön, süß zum Verschlingen, daß auch andere Frauen ein Auge auf ihn werfen. Und weil ›Pintosmalto‹, wie er bei Basile heißt (›der Emaillierte‹), unerfahren ist und das Leben nicht kennt, wird er sogar entführt und trauert seiner Lebensbäckerin nicht einmal nach.

In der Version, die Calvino überliefert, kommt ein starker Wind auf und weht den ›König Pipi‹ schnurstracks zu der Rivalin, die ihn schon sehnlichst erwartet. Unsere illusionären Gebilde werden ja gewöhnlich ›vom Winde verweht‹, sie lösen sich in Luft auf, zerstieben wie der Morgendunst. Aber die Prinzessin macht sich auf die Wanderung, ein magischer Helfer in der Gestalt eines alten Mannes sagt ihr: »Es wird noch eine Weile dauern, bis du deinen Gatten wiederfindest.« Sie wird ihren Weg weitergehen, dabei selbst unter Schmerzen reifen, aber letztlich ihren Luftikus aus Marzipan wiedergewinnen. Das walte das Märchen! Oder sollte auch Pipi-Pintosmalto am Ende ein gereifter Mann geworden sein?

XI.

In der griechischen Mythologie ist ein Motiv sehr beliebt: Eine verfolgte Nymphe bittet die Götter, in einen Baum verwandelt zu werden, um so den Nachstellungen zu entgehen – und die Bitte wird erfüllt. So wird die gerade von Apollo gepackte flüchtige Daphne in einen Lorbeerbaum verwandelt.

Im italienischen Märchen wird dagegen öfter von der Verwandlung eines Bäumchens oder einer Pflanze in ein Mädchen berichtet, oder das von der Mutter ersehnte Kind wird ihr im Apfel eines Baumes gewährt. – Wie bei so vielen italienischen Märchen finden wir diesen Typus schon bei Basile.[23] »Herrgott im Himmel«, betet dort die Frau, »wenn ich doch nur etwas gebären möchte und wäre es auch nur ein Heidelbeerzweig.« Und wirklich bekommt sie schließlich einen solchen Zweig und pflanzt ihn in einen Blumentopf. Weil aber Eltern ihre Kinder nicht auf Dauer behalten können, wird auch der geheimnisvolle Zweig seinen Besitzer wechseln: Er geht in das Eigentum des Königssohnes über – und der gewinnt dabei eine erfahrene Liebesgespielin –, wird aber manche Abenteuer erleben, bis sie endgültig ihre menschlich-frauliche Gestalt annehmen und behalten kann.

Eine Königin beobachtet einen Rosmarinstrauch mit seinen vielen Sprößlingen und wird vom Verlangen gepackt, auch ein Kind zu bekommen.[24] Als sie aber ein Kind gebiert, ist es ein Rosmarinstrauch, den sie mit Milch begießt und sorgsam aufzieht. Auch hier gerät der Strauch in den Besitz eines jungen Mannes, des spanischen Königs, der die Pflanze eifrig mit der Milch einer Ziege begießt. Er ist ein Liebhaber der Hirtenflöte und spielt manchmal auf ihr im Garten und tanzt dazu. Plötzlich tanzt ein Mädchen mit langen Haaren neben ihm. »Woher kommt Ihr«, fragt er.
»Aus dem Rosmarinstrauch«, ist ihre Antwort.
Nun freunden sich die beiden an, der junge König behält aber das Geheimnis ganz für sich. Als er in den Krieg ziehen muß, vertraut er das Bäumchen seinem Gärtner an. Die neidischen Schwestern des Königs bekommen die wahre Natur des Rosmarinstrauches heraus und treiben das Mädchen Rosmarina beinahe in den Tod. Nur das mutige Eingreifen des Gärtners führt dazu, daß das Mädchen seine volle menschliche Gestalt gewinnen und der König seine geliebte Tänzerin heiraten kann.
Ist die Metamorphose der mythischen Nymphe in den Baum ein Rettungsvorgang, so daß der Lorbeer nun zu einem heiligen Baum wird, so bekommt im Märchen das Mädchen zunächst nur eine vegetabile Existenz und kann erst nach schweren Gefährdungen und Heimsuchungen zu ihrer menschlichen Gestalt hingeführt werden. Mut, Geduld und durchgehaltene Liebe machen aus der Pflanze den vollen Menschen.

XII.

Die ›Störung‹ in der Ehe wird gewöhnlich durch einen Krieg
ausgelöst (oder symbolisiert): Der junge Ehemann ist ge-
zwungen, seine Frau zu verlassen, die schwanger bei ihrer
Schwiegermutter zurückbleibt. Die aber ist böse und möchte die junge Frau verderben. Entweder werden dem Mann in
der Fremde verleumderische Briefe geschickt (»Deine Frau
hat Tierjunge zur Welt gebracht« oder: »Deine Frau hat ihr
eigenes Kind aufgefressen«) oder sie versucht, die Schwie-
gertochter durch eine künstlich vorgetäuschte ›Untreue‹ in
Mißkredit zu bringen. Der Ehemann ist nur allzu häufig
leichtgläubig, vertraut eher dem Wort der Mutter als der Be-
teuerung der eigenen Frau. Erst wenn der Mann sich wirklich von seiner Mutter abgelöst hat und nicht mehr in die alte
Bindung zurückfällt, kann ein dauerhaftes Band zu seiner
Frau gestiftet werden.

In manchen Märchen ist auch von Ehekrise und Ehebruch
die Rede. Mit der glücklichen Eheschließung und dem fest-
lichen Hochzeitsbankett enden ja unsere Lebens- und Liebesgeschichten nicht, und das eheliche Glück kann nicht als
spannungsloser Dauerzustand vorgestellt werden. – In dem
Märchen ›Die Frau unter den Sirenen‹[25] wird erzählt, daß die
junge hübsche Frau eines Seemannes während seiner langen
Abwesenheit vom König des Landes verführt, aber nach
einiger Zeit wieder vom Hof verstoßen wird. Voller Reue
kehrt sie wieder zu ihrem Mann zurück, der ihr aber nicht
verzeihen, sondern sie töten will, indem er sie auf hoher See
über Bord wirft. Sie stirbt aber nicht, sondern wird von den
Sirenen aufgenommen und selbst eine der ihren. Nun muß
sie Verführungslieder lernen, mit denen die Sirenen die
Schiffer auf eine falsche Route locken, um sie zu verderben.
Eines Tages gerät ihr Mann in die Fänge der Sirenen, sie aber
tritt mit Entschiedenheit für ihn ein und rettet ihm das Leben. Wieder zu Hause, ist der Mann voller Trauer, daß seine
Frau bei den Sirenen bleiben muß. Eine Fee verrät ihm, wie
er sie retten könne: Er muß vom Grund des Meeres eine geheimnisvolle Blume gewinnen, mit ihr kann er die Macht
der Sirenen brechen und seine Frau zurückgewinnen. Sein
ganzes Vermögen setzt er ein, und schließlich gelingt es ihm

wirklich, seine Frau aus der Meerestiefe wieder heimzuführen. – Die Geschichte ist ein Musterbeispiel für die gegenseitige Rettung der Eheleute. Beide sind sie schuldig geworden, die Frau wegen ihres Ehebruchs, der Mann wegen seiner Erbarmungslosigkeit und seines Mordversuchs. Jeder ist erlösungsbedürftig, aber jeder kommt auch in die Lage, den anderen retten zu können. Einer kann für den anderen zum Heil werden, das ist die Botschaft dieses Märchens.

XIII.

Märchen sind Traditionsstücke aus der Vergangenheit, Erzählgut unserer Vorfahren. Viel Erfahrung ist in sie eingegangen, so daß wir an den Erfahrungen der Früheren partizipieren können. Deshalb spielen die Märchen in einer imaginären Vergangenheit, rufen eine Zeit herauf, als noch das Wünschen geholfen hat ... Aber es wäre ganz verkehrt, wollte man annehmen, es würde in den Märchen nur eine traumverklärte Vergangenheit beschworen, als würden wir genötigt, rückwärts zu schauen, nostalgisch, mit einer gewissen Trauer über das, was wir alles verloren haben. Das Märchen meint immer auch uns in dieser Stunde, die währende Gegenwart. Und es meint vielleicht noch viel mehr die Zukunft, die Zeit, die noch nicht erschienen ist, die sich erst ankündigt und morgen da sein wird und mit ihren Problemen bewältigt werden muß.

Viele italienischen Märchen enden mit einer desillusionierenden Formel. »So blieben sie reich und getröstet, wir aber sind hier sitzengeblieben.«[26] – »Sie blieben glücklich und zufrieden, wir aber haben das Nachsehen.«[27] – »Sie lebten dort glücklich und zufrieden zusammen, wir aber sitzen hier und halten uns bei den Händen.«[28] »So lebten sie glücklich und zufrieden, wir aber gehen leer aus.«[29] »Nun möchtet ihr wohl gern wissen, wen Luigi geheiratet hat und was ihm der Bär als Hochzeitsgeschenk brachte? Aber ich sage es nicht. Vielleicht erzähle ich es ein anderes Mal.« –[30] Warum werden wir nicht bei dem glücklichen Paar und ihrem ausgelassenen Fest gelassen? Warum reißt man uns aus den seligen Träumen und stupst uns wieder in unsere nüchterne Alltagswelt

zurück? Offensichtlich sollen wir nicht in der glücklichen
Sphäre der märchenhaften Erfüllung bleiben, soll sich die
Phantasie dort nicht festklammern, sonst verweigern wir
den notwendigen Schritt in die konkrete Realität. Wir sind
in ein anderes Land und in andere Bereiche entführt worden,
haben Anteil bekommen an den Schicksalen anderer Menschen, durften eine farbige, verlockende, manchmal auch gefährliche und ängstigende Welt kennenlernen, jetzt aber bekommen wir einen gelinden Schubs, fallen ›aus allen Wolken‹ und landen wieder im Bereich unserer gewohnten Welt
mit ihren dringenden Aufgaben, die wir nicht vergessen und
vernachlässigen dürfen.

Die Märchenwelt ist kein Zufluchtsort für unsere Fluchten.
Wenn wir uns häuslich in ihr niederlassen wollen, werden
wir ausgetrieben. Aber wir treten gestärkt und ermutigt den
Weg in die Niederungen unserer eigenen Existenz an, in Italien, in Deutschland – und anderswo.

Anmerkungen

[1] Genesis 1,27; 2,18.
[2] *Plato*, Das Gastmahl (deutsch von Emil Müller), Wiesbaden 1947, 30.
[3] AaO. 33.
[4] *Italo Calvino*, Italienische Märchen. Gesammelt, neu gefaßt und eingeführt, aus dem Italienischen übersetzt von Lisa Rüdiger, Zürich 1975, 17.
[5] AaO. 18.
[6] ›Das Märchen von den Katzen‹, in: Italienische Volksmärchen, herausgegeben und übersetzt von *Felix Karlinger*, Köln 1984, 113.
[7] ›Vom Riesen, der ein Auge auf der Stirne hatte‹, in: Italienische Volksmärchen, 109.
[8] ›Der Waldkönig‹, in: *Italienische Volksmärchen*, 87.
[9] ›Die Schwester des Grafen‹, in: Italienische Märchen, 409.
[10] *Giambattista Basile*, Das Pentameron. Übertragen von Felix Liebrecht,
Leipzig 1979, 27.
[11] ›Der Bär und die zwei Gevatterinnen‹, in: Italienische Volksmärchen, 234.
[12] ›Das Ziegengesicht‹, in: Das Pentameron, 79.
[13] ›Büffelkopf‹, in: Italienische Märchen, 203.
[14] Vgl. dazu: ›Die Liebe zu den drei Granatäpfeln (Weiß wie Milch, rot wie
Blut)‹, in: Italienische Märchen, 288–296; ›Weiß-wie-Milch-und-rot-wie-
Blut‹ in: Italienische Volksmärchen, 79–85.
[15] ›Die Geschichte von Pezze e fogghi‹, in: Italienische Volksmärchen,
209–215.

[16] ›Von der Schwester des Muntifiuri‹, in: Italienische Volksmärchen, 196–204.

[17] ›Die Schwester des Grafen‹, in: Italienische Märchen, 409–415.

[18] ›Die schöne Rosenblüte‹, in: Italienische Märchen. Herausgegeben von *Walter Keller* und *Lisa Rüdiger*, Düsseldorf 1959, 293–299.
Vgl. dazu auch: ›Die drei Tierbrüder‹, in: Das Pentameron, 274-280.

[19] Vgl. die Bände 12 und 13 der Gesammelten Werke von C. G. Jung (Psychologie und Alchemie; Studien über alchemistische Vorstellungen), Olten 1944 und 1978.

[20] ›Der erste Degen und der letzte Besen‹, in: Italienische Märchen 308–316.

[21] ›Der handgemachte König‹, in: Italienische Märchen, 343–350.

[22] ›Pintosmalto‹, in: Das Pentameron, 360–366.

[23] ›Der Heidelbeerzweig‹, in: Das Pentameron, 26.

[24] ›Rosmarina‹, in: Italienische Märchen, 388–393.

[25] ›Die Frau unter den Sirenen, in: Italienische Volksmärchen, 104–109.

[26] Italienische Volksmärchen, 39.

[27] AaO. 41.

[28] AaO. 42.

[29] AaO. 43.

[30] AaO. 147.

Eine Feder vom Lichtfalken

In unserem Land wohnte ein Mann, der drei Töchter hatte. Die beiden Ältesten waren eitle Wesen, die sich vor allem um ihre schönen Kleider kümmerten und vor dem Spiegel saßen, die Jüngste dagegen mußte den Haushalt versorgen. Als der Vater einmal in die Stadt fuhr, fragte er seine Töchter, ob er ihnen etwas mitbringen solle. Die Älteste bat ihn: »Bring mir einen Stoff für ein neues Kleid mit!« Die zweite hatte den Wunsch: »Ich möchte einen neuen Mantel.« – »Und was soll ich dir mitbringen?« fragte er die jüngste Tochter. »Bring mir eine Feder vom Lichtfalken mit«, war ihre Antwort.

Als der Vater in die Stadt gekommen war, hatte er keine Mühe, Stoff für ein neues Kleid und einen Mantel für seine beiden Ältesten zu besorgen. Eine Feder vom Lichtfalken allerdings konnte er nirgendwo finden, so sehr er auch danach suchte. Bei seiner Rückkehr übergab er die Geschenke den Töchtern, der Jüngsten aber mußte er sagen: »Kein Mensch in der Stadt konnte mir sagen, wie ich zu einer Feder vom Lichtfalken kommen könnte. Dein Wunsch war unerfüllbar.« – »Es schadet nichts, vielleicht gelingt es dir später, eine solche Feder zu finden.« Unterdessen trugen die älteren Schwestern ihre neuen Sachen und machten sich über die Jüngste lustig.

Einige Zeit später fuhr der Vater wieder in die Stadt und wollte auch seinen Töchtern ihre Wünsche erfüllen. Die Älteste wollte gerne ein Kopftuch haben, die zweite ein Halstuch, die Jüngste aber sagte wieder: »Lieber Vater, besorg mir doch bitte eine Feder vom Lichtfalken.« Kopftuch und Halstuch waren leicht zu kaufen, aber die sehnlich erwünschte Feder konnte er nirgendwo finden. Als er wieder zu Hause war, mußte er seiner jüngsten Tochter gestehen: »So sehr ich mich überall umgeschaut habe, die Feder vom Lichtfalken habe ich nicht entdecken können.« – »Sei deshalb nicht traurig«, antwortete die Tochter, »vielleicht haben wir später mehr Glück.«

Als eine Zeit vergangen war, wollte der Vater zum Markt in die Stadt fahren und erkundigte sich nach den Wünschen seiner Töchter. Die Älteste hatte Verlangen nach Ohrringen, die zweite nach einer Halskette, die Jüngste blieb bei ihrem Wunsch: »Bring mir eine Feder vom Lichtfalken mit!« – Ohrringe und Halskette waren leicht einzukaufen, aber auch jetzt konnte ihm niemand sagen, wo es eine Feder vom Lichtfalken geben könnte. Er wollte sich schon wieder auf den Heimweg machen, als ihm ein Mann auffiel, der ein kleines Kästchen in seinen Händen hielt. »Was befindet sich denn in deinem Kästchen?« fragte er den Alten. »Es ist eine Feder vom Lichtfalken darin«, bekam er zur Antwort. »Und wieviel Geld ist sie wert?« – »Tausend Rubel mußt du schon bezahlen.« Da griff der Vater nach seinem Geldbeutel, zahlte dem Alten den gewünschten Betrag und ritt mit dem Kästchen und den anderen eingekauften Waren nach Hause. Seine Töchter liefen ihm schon entgegen, die älteste bekam ihre Ohrringe, die zweite die gewünschte Halskette, die jüngste aber das geheimnisvolle Kästchen, das sie jubelnd in Empfang nahm.

Schnell eilte sie in ihre Kammer, schloß sie sorgfältig ab und öffnete das Kästchen. Die Feder vom Lichtfalken flog heraus und fiel auf die Erde: Im gleichen Moment stand dort ein junger Mann vor ihr, schön wie ein Zarensohn. Sie umarmten sich zärtlich und führten ein trauliches Gespräch miteinander. Die Schwestern hörten in ihren Zimmern, daß in der Kammer der Jüngsten geflüstert wurde, so kamen sie zur Tür und fragten: »Mit wem redest du denn?« – »Ich rede mit mir selber«, bekamen sie zur Antwort. Sie aber ließen nicht locker und riefen: »Mach uns auf, damit wir in deine Kammer gehen können.« Schnell ließ sich der junge Mann auf die Erde fallen und konnte als Feder in das Kästchen gelegt werden. Nun öffnete die Jüngste die Tür, die Schwestern suchten das ganze Zimmer ab, aber finden konnten sie niemand. Kaum hatten sie die Kammer wieder verlassen, da öffnete die Jüngste ihr Fenster, ließ die Feder davonfliegen und sagte: »Flieg davon, mein liebes Federchen, flieg in die Weite, komm aber zur rechten Zeit wieder zu mir!« Kaum hatte sie das gesagt, flog auch schon der lichte Falke in den Himmel. Als die Nacht hereinbrach, kam der Lichtfalke zu seiner Liebsten geflogen. Sie lagen sich in den Armen und unterredeten sich liebevoll. Die Schwestern aber lauschten an der

Tür und liefen sogleich zu ihrem Vater: »Unsere jüngste Schwester ist nicht allein in ihrer Kammer, wir haben gehört, wie sie sich mit jemand unterhält.« Also stand der Vater auf und ging zu seiner Tochter. Aber er fand sie dort allein, längst hatte sich der junge Mann wieder in eine Feder verwandelt und lag in dem Kästchen auf dem Tisch. Der Vater tadelte seine älteren Töchter und riet ihnen, sie sollten auf sich selber achtgeben.

Die beiden Älteren aber faßten einen Plan. Sie besorgten sich eine Leiter, kletterten darauf zum Fenster ihrer jüngsten Schwester und befestigten dort scharfe Messer und spitze Nadeln. – Als nun der Lichtfalke angeflogen kam und zum Fenster hineinschlüpfen wollte, verletzte er sich an seinen Flügeln und konnte nicht in die Stube hinein. Da sagte er: »Ade, meine Liebste, ich kann nicht mehr zu dir kommen. Wenn du mich suchst, mußt du ins Land der Lichtfalken wandern. Drei Paar Eisenschuhe mußt du ablaufen, drei Eisenstäbe beim Wandern zerbrechen, drei Steinbrote mußt du nagen, dann erst kannst du mich finden.«

Halb im Schlafen, halb im Wachen hatte die Jüngste gehört, was der Lichtfalke gesagt hatte. Als der Morgen anbrach, schaute sie zu ihrem Fenster hinaus, sah die scharfen Messer und die spitzen Nadeln, an denen noch Blut klebte, und wußte sofort, was geschehen war: »O mein Liebster, haben dich meine Schwestern verderben wollen!« Zum Handeln entschlossen, verließ sie das heimatliche Haus, ging zum Schmied und ließ sich von ihm drei Paar Eisenschuhe machen, drei Eisenstäbe zum Wandern, nahm drei Steinbrote als Reiseproviant mit und begab sich auf die lange Reise, um ihren Lichtfalken wiederzufinden.

Als sie schon lange gewandert war, das erste Paar Eisenschuhe war durchgelaufen, der erste Eisenstab zerbrochen, das erste Steinbrot aufgenagt, da kam sie zu einem einsamen Haus und klopfte dort an, um ein Nachtquartier zu bekommen. Eine alte Frau ließ sie eintreten und fragte: »Wen suchst du denn hier in der Einsamkeit?« Das Mädchen antwortete: »Liebes Mütterchen, ich suche meinen Lichtfalken.« – »O weh, da hast du noch einen weiten Weg vor dir. Bleib hier eine Nacht, morgen zeig ich dir, wie du weitergehen sollst.

145

Am nächsten Morgen bekam sie als Abschiedsgeschenk ein kleines silbernes Spinnrad, das einen goldenen Faden spinnen konnte. Die Alte sagte zu ihr: »Wenn du auf diesem Weg weitergehst, kommst du zu meiner älteren Schwester, vielleicht kann sie dir weiterhelfen.«

Lange mußte das Mädchen weiterlaufen, aber irgendwann war auch das zweite Paar der Eisenschuhe durchgelaufen, war der zweite Eisenstab zerbrochen und das zweite Steinbrot aufgenagt. Und wieder kam sie zu einem einsamen Haus und klopfte dort an, um ein Nachtquartier zu bekommen. Eine uralte Frau ließ sie eintreten und fragte sie: »Was suchst du denn hier in meiner Einsamkeit?« – »Ich suche meinen Lichtfalken, liebes Großmütterchen«, war die Antwort. »Dann hast du immer noch einen weiten Weg vor dir. Bleib bei mir über Nacht, morgen werd ich dir den Weg zeigen.«

Als der Tag heraufgekommen war, gab ihr die Alte ein silbernes Schüsselchen und ein goldenes Ei, zeigte ihr den Weg und sagte: »Wenn du unverdrossen weitergehst, kommst du zu meiner ältesten Schwester, die wird dir sagen können, wie du deinen Lichtfalken erreichen kannst.«

Wer kann sagen, wie lange das Mädchen weiterwandern mußte, wie viele Berge sie hinaufsteigen und Flüsse sie überschreiten mußte, aber es kam der Tag, da war auch das dritte Paar Eisenschuhe durchgelaufen, der dritte Eisenstab abgewetzt und das dritte Steinbrot aufgenagt. Da kam sie wieder zu einem Haus und klopfte dort an. Eine Frau ließ sie eintreten, die noch viel älter war als die vorhergehenden. »Wo kommst du her, und wohin wanderst du?« – »Liebes Urgroßmütterchen, ich bin auf dem Wege zu meinem lieben Lichtfalken.« – »So, so, weißt du auch, wie schwer es ist, ihn zu finden, und noch schwerer, ihn zu gewinnen? Er wohnt hier in der Nähe, in einem Schloß, und in einigen Tagen soll er Hochzeit feiern.«

Der nächste Tag begann, und das Mädchen bekam auch von der uralten Frau noch ein Geschenk mit auf den Weg: »Nimm diesen Stickrahmen und das goldene Nädelchen: Wenn du den Rahmen in den Händen hältst, wird das Nädelchen ganz allein zu sticken beginnen. Und nun geh mit Gott, ich wünsch' dir, daß dir das Glück begegnet.«

Als das Mädchen zum Schloß gekommen war, bat sie um

eine Stelle als Dienstmagd und wurde auch gleich eingestellt. So mußte sie den Ofen anheizen, Wasser holen und das Essen zubereiten. Und weil sie anstellig und fleißig war, lobte man bald ihre Arbeit. Ihren Lichtfalken aber bekam sie nicht zu sehen. Eines Abends holte das Mädchen ihr silbernes Spinnrad heraus und spann damit so feine goldene Fäden, daß alle voll des Staunens waren. Auch die Braut des Lichtfalken kam herbei und hatte eine solche Freude an dem Spinnrädchen, daß sie es unbedingt besitzen wollte. »Was soll ich für dieses liebe Spielzeug bezahlen?« fragte sie. »Laß mich eine Nacht mit dem Lichtfalken, deinem Bräutigam, verbringen.«

Als der Lichtfalke nach Hause kam, sah er das Mädchen an, er erkannte es aber nicht. Beim Abendessen bekam er von seiner Braut einen Schlaftrunk gereicht, der ihn so schläfrig machte, daß er gleich in seine Schlafkammer ging und in einen tiefen Schlaf sank. Das Mädchen durfte zwar nun auch in seine Kammer treten, aber sie mochte noch so viel rufen: »Mein lieber Lichtfalke, wach doch auf! Eine weite Reise hab' ich deinetwegen unternommen, drei Paar Eisenschuhe mußte ich durchlaufen, drei Eisenstäbe auf meiner Wanderung zerbrechen, drei Steinbrote aufnagen, warum hörst du mich nicht?« Er antwortete ihr nicht, kein Wort drang wirklich in sein Ohr.

Am nächsten Tag packte die Magd ihr silbernes Schüsselchen aus und ließ das goldene Ei darin hin und her rollen. Plötzlich waren es zwei Eier und schließlich immer mehr. Die Braut des Lichtfalken schaute mit großen Augen zu und wurde begierig, auch dieses kleine Wunderwerk zu besitzen. »Verkaufst du mir das Schüsselchen?« fragte sie die Magd, und sie bekam zur Antwort: »Wenn ich noch eine Nacht mit deinem Bräutigam verbringen darf, sollst du es haben.«

Als am Abend der Lichtfalke zurückgekehrt war, reichte ihm die Magd die Speisen, und sie schaute ihn eindringlich an, er aber tat so, als habe er sie noch nie gesehen. Die Braut brachte ihm wieder den Schlaftrunk, als die Magd ins Zimmer des Lichtfalken trat, da schlief er schon wieder so fest, daß sie ihn weder wachrütteln konnte noch durch ihr Rufen erreichte, ihn aufzuwecken. Bis zum Morgen schlief er, ohne sich zu rühren.

Nun hatte die Magd nur noch den Stickrahmen und die goldene Nadel. Die holte sie heraus, und die Nadel stickte so wunderschöne Muster, daß alle Bewohner des Schlosses herbeikamen und ihre Freude an dem zauberhaften Stickrahmen hatten. Die Braut aber konnte sich vor Begier gar nicht mehr halten und fragte die Magd gleich: »Sag, was du haben willst, ich will und muß dieses köstliche Spielzeug haben!« – »Laß mich noch einmal eine Nacht mit deinem Bräutigam verbringen!«

Als die Nacht hereinbrach, kam der Lichtfalke angeflogen, bekam sein Abendessen vorgesetzt und von seiner Braut den Schlaftrunk gereicht. Dann durfte die Magd zu dem Lichtfalken in die Kammer, aber er war schon wieder in einen tiefen Schlaf gesunken. Tränenüberströmt beugte sich die Magd über ihn und rief ihn an: »Warum schläfst du? Bin ich nicht einen unendlich weiten Weg zu dir gewandert, habe drei Paar Eisenschuhe durchgelaufen, drei Eisenstäbe zerbrochen, drei Steinbrote aufgenagt.« Immer noch hörte der Lichtfalke nichts, als aber eine Träne auf seine Wange fiel, wachte er auf und rief: »Was für ein Feuerfunke ist auf mich gefallen?« – »Es ist ein Funke meiner Liebe. Drei Nächte wache ich nun schon bei dir, und du schläfst und gibst keine Antwort. Erkennst du mich endlich wieder?« Da fiel es dem Lichtfalken wie Schuppen von den Augen, wie ein Lichtstrahl durch den Nebel dringt, so wurde plötzlich die ganze vergessene Geschichte wieder in sein Gedächtnis zurückgeholt.

Die Nacht war noch nicht zu Ende, da machten sich die beiden schon auf den Weg, verließen das Schloß, um in die Heimat des Mädchens zurückzukehren. Und weil der Lichtfalke seine wahre Braut manchmal auf seine Fittiche nahm und sie durch die Lüfte trug, kamen sie auch schnell voran. Als sie beim väterlichen Haus ankamen, ließ sich der Lichtfalke auf die Erde fallen und wurde wieder zur unscheinbaren Feder, die die Jüngste an ihrer Brust barg. Der Vater begrüßte seine jüngste Tochter mit Freude: »Welcher Segen, daß du wieder heimkommst. Ich hatte schon Sorge, du seist gar nicht mehr am Leben. Komm mit zum Ostergottesdienst, da wollen wir Gott danken, daß du wieder da bist. Ist heute nicht ein Grund, ein fröhliches Fest zu feiern?« Aber die

Tochter winkte ab. »Ich habe nicht die rechten Kleider für den Kirchgang. Geht ihr nur alleine.« ›Kaum aber war der Vater mit seinen beiden älteren Töchtern weggefahren, da holte die Jüngste ihre Feder heraus, ließ sie zur Erde fallen – schon stand ihr liebster Lichtfalke vor ihr. Der brauchte nur zum Fenster hinaus zu pfeifen, da stand auch schon eine goldene Kutsche draußen, im Zimmer aber lagen die herrlichsten Kleider und kostbarer Schmuck. Sie zogen sich prächtig an und fuhren mit der Kutsche zur Kirche. Dort wurden sie zunächst gar nicht erkannt. Aber der Vater ging in die Nähe seiner Jüngsten und frage sie: »Bist du nicht meine liebste Tochter?« Da lachte sie ihm fröhlich entgegen und sagte: »Schau, und das ist die Feder des Lichtfalken, die du mir mitgebracht hast. Ewig werde ich dir dafür dankbar sein.« Da wurde der Lichtfalke mit seiner Liebsten getraut, und es schloß sich eine Hochzeitsfeier an, die drei Wochen gedauert haben soll. Alle, die dabei waren, sind voll des Lobes gewesen, ein so schönes Paar hat es noch nie gegeben. Und so freigebig waren die Brautleute, daß auch noch die Bettler, die Blinden und Lahmen an den langen Tischen sitzen und schmausen durften. Ich ärgere mich, daß ich nicht auch dabeisein konnte.

Russisches Märchen

Suchwanderung ins Unbekannte

In einem Reich, in einem Land lebten einmal ein Zar und eine Zarin: die hatten drei Söhne, alle drei jung, unverheiratet und so wohlgeraten, daß man es nicht im Märchen erzählen und nicht mit der Feder beschreiben könnte«, so beginnt ein russisches Märchen.[1] Was so harmonisch beginnt und geruhsam berichtet wird, kann nicht auf die gleiche Weise weitergehen. Unser Leben ist von den Krisen und Spannungen bestimmt, das Glück wird einem Menschen nicht einfach in die Wiege gelegt, es muß gesucht werden. Die Widerstände und Rückschläge haben ihren Sinn, denn sie zwingen uns, entschlossen die Kräfte zusammenzunehmen und das Ziel anzusteuern, das wir als das richtige erkannt haben.

Immer muß in unserem Leben das Bisherige überstiegen werden, wir halten Ausschau nach dem, was noch nicht erschienen ist. Und weil wir das Kommende noch nicht kennen, müssen wir vorausträumen, müssen auf unsere Ahnungen und Sehnsüchte achten. Und wir erzählen Geschichten! Vor allem die Märchen scheinen auf eine geheimnisvolle Weise mit unseren Traumbildern zu korrespondieren. Nur deshalb wecken sie in uns ein solches Echo, weil sie nicht von einer fremden Welt erzählen, sondern von einer halbverborgenen Heimat.

Novalis hat sich deshalb die Bemerkung notiert: »Alle Märchen sind nur Träume von jener heimatlichen Welt, die überall und nirgends ist«, er spricht sogar von einer »süßen Erinnerung«, die uns auf unserem beschwerlichen Lebensweg erquickt. Wir haben eine unstillbare Sehnsucht nach der Stadt mit den goldenen Türmen, nach dem herrlichen Palast mit den hundert Sälen, nach den prachtvollen Gärten, in denen es die köstlichen Früchte gibt. Wenn wir von dem wundersamen Vogel hören, der so zauberhaft singt, daß man all seine Not vergißt, dann meinen wir schon einen Vorausklang in unserem Innern zu hören. Und wenn von der Springwurzel erzählt wird, die alle Krankheiten heilt, vom Lebenswasser, das den Tod besiegt, dann ahnen wir, daß auch wir uns irgendwann auf die Reise begeben müssen. Die Märchen halten unsere Sehnsucht offen, sie machen uns auch deutlich, daß wir nicht bleiben können, wie wir sind. Die Suchbewegung ins Unbekannte bleibt niemandem erspart.

I.

Viele Märchen beginnen, indem sie von einer Störung oder einem Mangel berichten: Eine Krankheit ist ausgebrochen, es herrscht Hunger, ein Ehepaar sehnt sich nach Kindern und bekommt keine usw. In anderen Märchen heißt es, daß ein Drache das ganze Land bedroht oder die Königstochter entführt hat. Oder es ist der kostbare Schatz, das unverzichtbare Besitztum, verlorengegangen, die Krone und das Zepter, oder der Brunnen inmitten des Burghofes gibt kein Wasser mehr, der Baum mit den goldenen Äpfeln ist bedroht, von dem Wohl und Wehe des ganzen Staatswesens abhängig sind.

Wenn eine solche Stockung eintritt, dann ist die Weiterentwicklung der Welt bedroht, es bedarf einer rettenden Tat und neuer Impulse, um die Stagnation zu überwinden. Es gibt im Leben des einzelnen wie im Leben der großen Gemeinschaften und Völker Situationen, da machen sich Enttäuschung und Entmutigung breit. Es scheint keine wirkliche Perspektive zu geben, eine Müdigkeit erfaßt die Menschen, so daß alles in einem Strudel der Unlust und der Verzweiflung unterzugehen droht. Wenn die Lebensenergien ins Stocken geraten, muß einer kommen, der einen Durchbruch schafft und den gestörten Energiestrom wieder zum Fließen bringt. – Wenn ein schlimmer König die Macht an sich gerissen hat und seine Untertanen tyrannisiert, dann schauen die Menschen nach einem aus, der einen Ausweg findet und die Gewaltherrschaft beendet. Schon die verheißende Rede holt die Menschen aus ihrer Lethargie: Es wird eine Zeit kommen, da hat die Not ein Ende, da fängt wieder alles zu blühen an, da wird das Wasser des Lebens wieder fließen.

Auch in jedem Einzelleben gibt es Phasen der Erstarrung

und der Mutlosigkeit. Es müßte eigentlich ein neuer Wachstumsschritt gewagt werden, aber die Angst oder die bisherigen Erfahrungen hemmen die Entwicklung. Dann igelt sich der Mensch ein und verweigert aus Angst vor dem Unbekannten den fälligen Wandlungsprozeß. Mancher klammert sich an das bisher Erreichte, an den alten Namen und das Selbstbild, das er von sich hat. Aber es kommt die Stunde, da genügt uns der alte Name nicht mehr, und wir merken, daß noch mehr in uns steckt als das, was schon ans Tageslicht gekommen ist. In jedem Menschenleben ist noch unentdecktes Land vorhanden, das noch der Erforschung harrt.

Wie erzählt das Märchen davon? Da öffnet sich dem Wanderer ein Abgrund, der ihm einen geheimnisvollen Tiefenbereich erschließt, das ungeahnte Höhlensystem einer anderen Wirklichkeit tut sich auf. Wie Aladin muß er in die unheimliche Dunkelheit hinuntersteigen und weiß nicht, ob er dort von den Mächten der Finsternis verschlungen wird oder ob er einen Schatz entdecken kann, der alle Vorstellungen übersteigt. Gelangt er zu den Feenpalästen voller Gold und Edelstein, oder verirrt er sich in den Tiefen und wird nie mehr das Licht schauen? – Oder es wird erzählt, daß der Märchenheld ein schönes Schloß vor sich liegen sah und hineinging. »Wie er aber hineintrat, war es verwünscht; er ging durch alle Zimmer, aber sie waren leer, bis er in die letzte Kammer kam, da lag eine Schlange darin und ringelte sich. Die Schlange aber war eine verwünschte Jungfrau, die freute sich, wie sie ihn sah, und sprach zu ihm: ›Kommst du, mein Erlöser? Auf dich habe ich schon zwölf Jahre gewartet; dies Reich ist verwünscht, und du mußt es erlösen.‹«[2] Ein Bereich tut sich auf, der nicht durchlebt ist, dessen leere Räume darauf warten, wieder von einem lebendigen Strom durchpulst zu werden. Die Seele ist noch nicht zu ihrer Kraft gekommen, sie kriecht wie eine Schlange auf dem Boden und konnte sich nicht aufrichten. Aus eigener Kraft gelingt ihr die Befreiungstat nicht, es muß einer von außen kommen und das rettende Werk vollbringen.

Von Helden sprechen wir heutzutage nicht gern. Wir haben keine besondere Sehnsucht nach dem kühnen Draufgänger, der sein Leben nicht schont, sondern sich in alle nur erdenklichen Abenteuer stürzt, ohne das Risiko zu kalkulieren. Diese Skepsis gegenüber der Gestalt des Helden hängt damit zusammen, daß man uns zu lange ein Ideal vorgegaukelt hat, das sich als fraglich erwies und nun keine Überzeugungskraft mehr hat.

Aber es ist merkwürdig: In uns ist trotzdem noch eine geheime Sehnsucht nach dem heldenhaften Menschen geblieben, der nicht mit üblichen Maßstäben gemessen werden kann, weil er sich mehr zutraut und etwas schaffen kann, das die anderen anstaunen. Vielleicht hat Karl Reinhardt recht: »Der Held gehört zum Schatz der Urformen menschlicher Selbstdarstellung, sowohl rühmender wie selbsterkennender Art. Der Mensch feiert im Helden seine Triumphe, Wünsche, Gefahren, Siege, Niederlagen, Ängste, Tapferkeiten, Überwindungen, Opfer, Schmerzen usw.«[3] Wenn das Bild vom Helden ganz verschwände, dann wäre das ein Verlust, der in seiner Tragweite gar nicht abgemessen werden könnte. Wie wir auf die Gestalt des Heiligen nicht verzichten können, so haben wir auch den Helden und die Heldin nötig. »Unser Drang zur Befreiung aus der Enge sucht Menschen, die mehr sind als wir selbst, sucht die Besten«, sagt Karl Jaspers[4]. Vielleicht ist es gerade die Tatsache, daß wir in uns selbst das Heldische nur spurenhaft entdecken, die eine Sehnsucht aufkommen läßt, es möge den Helden geben. Er ist bereit zum mutigen Abschied, nimmt die abenteuerliche Wanderung auf sich, unterzieht sich der fälligen Bewährungsprobe und stößt zu neuen Ufern vor. Das Wort Nietzsches, das er seinem Zarathustra in den Mund legte, findet in unserem Ohr noch ein Echo: »Bei meiner Liebe und Hoffnung beschwöre ich dich: Wirf den Helden in deiner Seele nicht weg! Halte heilig deine höchste Hoffnung!« Der Held muß uns ›normale Menschen‹ übersteigen, er darf aber auch nicht so haushoch überlegen sein, daß er unseren Augen (und unserem Mitgefühl) entschwindet. Identifizieren können wir uns nur dann mit ihm, wenn er auch Angst haben kann, wenn ihn manchmal auch die Traurigkeit überfällt und er erst durch seine Tapferkeit die eigene Furcht überwindet. Aber gerade diese Spur größerer Kraft, der Einfallsreichtum und die Durchhaltebereitschaft machen ihn zum Helden. Und das Mädchen braucht Klugheit, Leidensfähigkeit, manchmal auch einen Schuß Unverfrorenheit, damit es zur Heldin wird.

Der suchende Mensch, der sich selbst noch nicht wirklich erkannt hat, sondern tastend nach der eigenen Wirklichkeit ausschaut, begegnet im Märchenhelden einem Wesen, das zwar leiden muß und sich ängstigt, aber letztlich doch in den entscheidenden Situationen das Richtige tut, das aus einer großen inneren Sicherheit seine Entscheidungen trifft und sein Ziel erreicht. Als verunsicherte Menschen brauchen wir Gestalten, die uns voraus sind, aus einer Instinktsicherheit handeln und von verborgenen Mächten geleitet werden. Wessen Ich noch schwach ausgebildet ist, der braucht noch den positiven Impuls, um ermutigt zu werden, den eigenen Weg zu entdecken und die eigenen Kräfte zu entfalten.

Der Held ist also gerade nicht der Übermensch, aber in ihm ist konzentriert der Inbegriff der Erneuerung, der Rettung und Verjüngung der Menschheit. Meist ist die Rettergestalt ja ein junger Mensch, ein Junge oder ein Mädchen, sie sind zwar noch ungereift und unerfahren, aber sie haben die Unbekümmertheit derer, die noch nicht durch Enttäuschungen gegangen sind, ihre Kraft ist nicht verausgabt. Die Infantilität muß zwar überwunden werden, aber das Ungewöhnliche kann nur von solchen angepackt werden, die nicht vor ›unlösbaren Aufgaben‹ zurückschrecken und einen Willen zur Erneuerung mitbringen.

Auffällig ist, wie verschiedenartig die Märchenhelden sind, wie sehr sich ihre Handlungsweise unterscheidet. Der eine ist ein mutiger Draufgänger, der ganz in sich steht und keine Hilfe zu brauchen scheint; der andere hat die Gefährten nötig und vervielfältigt seine Fähigkeiten durch ihre spezielle Tüchtigkeit. Aber es gibt auch den scheinbar Dummen, der von den anderen verachtet und erst allmählich anerkannt wird, weil er Gaben hat, die man zunächst einmal gar nicht wahrnehmen konnte. Und schließlich gibt es den Träumer, die Schlafmütze, den Ofensitzer. Er ist überhaupt nicht zum aktiven Tun bereit und ärgert mit seinem Faulenzen seine Umgebung. Aber zum rechten Zeitpunkt ist er hellwach und tut das, was getan werden muß, um das ersehnte Ziel zu erreichen.

III.

Wer zu sehen beginnt, stößt auf seine Blindheit, wer das Licht entdeckt, wird plötzlich mit der Finsternis konfrontiert. Und wenn ein Mensch zum Leben erwacht, stößt er auf den Tod. Sosehr uns das Märchen Mut zum Leben macht, es spart den Tod nicht aus, sondern erinnert uns daran, daß es keinen Weg gibt, um dem Tod zu entgehen. Eine innere Stimme verlangt Gehorsam, der eingeschlagene Weg muß weiterverfolgt werden. Aber Held oder Heldin bleiben nicht allein, es tauchen Helfergestalten auf, Tiere oder geheimnisvolle Alte, die bereit sind, die notwendigen Weisungen zu geben, damit der Zugang zum dreimalneunten und dreimalzehnten Reich gefunden wird. Sie sind die Wissenden und Erfahrenen, kennen die Zusammenhänge. Vieles spricht dafür, in ihnen die Ahnen zu sehen, die schon den Übergang in die ›andere Welt‹ gefunden haben, die aber den Lebenden noch zugewandt sind und denen hilfreich zur Seite stehen, die unsicher und ratlos in der ›hiesigen Welt‹ leben. Der Held muß einen Zugang zu den Ahnen finden, um die nötige Wegweisung zu erhalten. So wie Odysseus erst in den Hades hinuntersteigen muß, um dort zu erfahren, auf welche Weise er den Rückweg in die Heimat finden kann (»Warum hast du das Licht der Sonne verlassen und bist gekommen, daß du die Toten siehst und den unlieblichen Ort? ... Nach der Heimkehr verlangt es dich, der honigsüßen«, heißt es im elften Gesang der Odyssee), so muß auch der Märchenheld seine Vorfahren aufsuchen und sich die Weisung zum Verständnis seines Daseins geben lassen. Diese Reise ist aber gefährlich, weil die Übergangsstellen zwischen den Welten nur schwer zu passieren sind. Und es mag sein, daß man dort festgehalten und die Heimkehr unmöglich gemacht wird.

Oft gerät der Held in den unübersehbaren Wald, will den

Hirsch jagen, der plötzlich auftaucht, sich aber immer wieder entzieht und ihn weiter ins Dickicht lockt, in die Zone des Unwegsamen und Gefährlichen. Wo das Heilsame und Rettende gesucht wird, da ist immer auch die Bedrohung nicht weit. Jede Grenzüberschreitung ist ein gefährliches Unternehmen, ein Tabu wird verletzt, eine bisher respektierte Satzung übertreten. Aber wenn die Geschichte weitergehen soll, dann müssen auch Grenzen überschritten werden. Die Frage ist nur, wer es wagen kann, die Schwelle zu überschreiten, die Frage ist auch, wann es geschehen kann und darf. Der Torhüter läßt niemanden hindurch, aber vielleicht wartet er darauf, daß jemand selbstbewußt auftritt und sich über sein Gebot hinwegsetzt.

Der Helfer scheint noch eine andere Dimension zu haben: In ihm erkennen wir die personifizierten Möglichkeiten des Helden, den Bereich seiner Anlagen, der noch unentfaltet geblieben ist. In jedem Menschen ist ja eine Fülle von Fähigkeiten vorhanden, viele bleiben verkümmert, wenn sie nicht geweckt werden und nicht Gestalt gewinnen können. Die Helfer sind – unter diesem Aspekt – die Impulse, die brachliegenden Möglichkeiten wachzurufen, damit sich allmählich die Identität ausbildet.

Es ist auffällig, daß im Märchen die gewöhnliche Perspektive umgedreht wird. Nicht das Strahlende und Auffällige wird als das Rettende ausersehen, vielmehr wird das Unscheinbare auserwählt. Der Held muß das rostige und schäbige Schwert nehmen, damit wird er unbesiegbar, er muß das räudige Pferd, die letzte Schindmähre, besteigen, dann kommt er zu dem schnellsten Renner. Und ausgerechnet der Dummkopf, von dem niemand etwas Besonderes erwartet, ist berufen, zum wahren Retterhelden zu werden. Nicht der glänzende äußere Schein entscheidet, sondern eine zunächst nicht sichtbare Qualität, die erst im nachhinein in ihrem Wert erkennbar wird.

IV.

Wo kommen wir hin, wenn wir die Schwelle überschreiten? In den Bereich des Ursprungs, der geheimnisvollen Quelle.

Der Held muß seinen Vater suchen, möchte erfahren, wo er eigentlich herkommt. Im Quellbereich kann man erkennen, was in einem angelegt ist, um auch den künftigen Weg zu wissen[5]. Irgendwann erfährt der Mensch, daß er nur an der Peripherie existiert, daß er an der Oberfläche lebt und über sich und über die Welt eigentlich nichts weiß. Der Gang dorthin, wo die Quelle entspringt, wo das Leben selbst hervorsprudelt, das Wasser, das unsere geheimsten Sehnsüchte stillt, ist mühsam und voller Widerstände. Aber im Menschen ist eine innere Gewißheit, daß es diesen Ursprungsort gibt, der sich als wahre Mitte der Welt erweist, als Nabel der Schöpfung und Achse des Kosmos.

Zuvor aber muß man aus seinem bisherigen Gehäuse ausziehen und muß die Sicherheiten zurücklassen. Der babylonische Mythos erzählt, daß die Liebesgöttin Innana (oder Ischtar) in die Unterwelt hintersteigt, bei jedem Tor wird ihr ein Stück von ihrem Gewand oder von ihrem Schmuck abgenommen, bis sie am siebten Tor auch noch ihr Lendentuch hergeben muß. In den dunklen Bereich kann man nur nackt eingehen, mit den Gewändern wird auch das bisherige Wissen, das Selbstbewußtsein, die Sicherheit, die Willenskraft, der Name abgelegt. Was bisher Schutz bot, zerbricht. Es ist eine Gegenwelt, die entdeckt werden kann. Die Wirklichkeit ist spannungsreicher, als wir sie uns gedacht haben, gewöhnlich nehmen wir nur den einen Pol wahr, den Gegenpol übersehen wir geflissentlich. Das Spiel der Kräfte ist von Gegensatzpaaren bestimmt. Der Helligkeit entspricht das Dunkel, der Lebenswelt die Totenwelt, dem Bewußtsein das Unbewußte, der Fülle die Leere, dem Klaren und Eindeutigen das Verschwommene und Diffuse, der kontinuierlich fließenden Zeit das Raumhaft-Umgreifende.

V.

Der Gang in den anderen Bereich ist ein Gang in den Tod. Was lebendig ist, das ist auch vom Sterben gezeichnet. Wer Angst hat und der Todesdrohung aus dem Weg gehen will, kehrt bald wieder um und bleibt zu Hause, verweigert jeden Schritt in die Gefahr und kriecht in die Behaglichkeit des

Gewohnten zurück. Der Held aber geht seinen Weg weiter und kommt zu einer Wegscheide, wo er einen von drei möglichen Wegen wählen muß. Auf den Tafeln liest der Zarensohn: »Wer den rechten Weg reitet, wird satt, aber sein Roß bleibt hungrig; wer den linken Weg reitet, dessen Roß wird satt, aber selbst bleibt er hungrig; wer den mittleren Weg reitet, wird den Tod erleiden[6].« Welchen Weg geht der Zarensohn? Er wählt den Todesweg, denn jeder Weg, den wir gehen, ist ein Weg, der zum Tod führt. Erst wenn das Todesschicksal angenommen ist, kann der Tod auch ein Wandlungsgeschehen werden, das über den Tod hinausführt.

Zu den besonders häufigen Märchenmotiven gehört es, daß sich im Laufe eines Geschehens der erste Eindruck wandelt. Aus einer verlockend schönen Frau wird ein gefährliches Hexenweib, aus einer alten und abstoßend häßlichen Frau wird ein junges, wunderschönes Mädchen. Auch das Sterben hat ein Doppelgesicht, was Furcht auslöste, erweist sich als Quell von Hoffnung, was nur zerstörerisch zu sein schien, wird zur Chance für eine Erneuerung. Das Dunkel verschlingt das Licht, aber im Bauch des Ungeheuers findet eine Verwandlung statt und entläßt den Verschluckten – wie Jona vom Fisch wieder ausgespien wird – in eine neue Existenz. Eine Lebensform ist zu ihrem Ende gekommen, weil nichts bleiben kann, wie es war, eine Knochenmühle zerbricht die bisherige Gestalt. Aber nun kann etwas Form gewinnen, was bisher noch nicht sichtbar geworden ist.

VI.

Die alten Kulturen kannten in allen Regionen der Erde den Brauch, junge Menschen, vor allem die jungen Männer, durch bestimmte Ritualien und Zeremonien auf ihre künftige Aufgabe im Stamm vorzubereiten: die Initiation. Sie wurden (und werden in manchen Stämmen auch heute noch) von den übrigen Stammesmitgliedern isoliert, mußten Proben bestehen und bereit sein, Schmerzen zu ertragen, selbst wenn sie verstümmelt wurden, sie mußten auf Schlaf und Essen verzichten und in einer einsamen Gegend ausharren. Gewöhnlich wurden sie kurz vor ihrer Geschlechtsreife in die Traditionen ihres Stammes eingeführt, bekamen die religiösen Überlieferungen erschlossen, wurden für das eheliche Leben vorbereitet und in den Kampftechniken als künftige Krieger unterwiesen.

Das wichtigste der Initiation aber war, daß sie einen rituellen Tod sterben mußten, damit sie auch zu einem neuen Leben geführt werden konnten. Die einsam liegende Hütte mag häufig die Gestalt eines Tieres gehabt haben, so daß sie von ihr gleichsam verschluckt wurden[7], um dann wiedergeboren zu werden. Der Initiand mußte die Ängste des Waldes aushalten und sich darin behaupten. In der Symbolsprache der Mythen und Riten ist der Wald der Bereich, der die Menschenwelt von der Totenwelt trennt. Wer in die ›andere Welt‹ gelangen will, muß durch den finsteren, unheimlichen, geheimnisumwitterten Wald gehen. Wer als Lebender ins Totenreich geht, wird an der Grenze angehalten und als Eindringling empfunden. Nur wer selbstbewußt auftritt und weiß, was er zu tun hat, wer den geheimen Namen des Türhüters oder der Türhüterin kennt, kann die Pforte öffnen.

Der Wald ist auch der Bereich der Tiere. Weil nun aber – nach den Vorstellungen vieler archaischer Religionen – die Menschen nach ihrem Tod in Tiere verwandelt werden, kann man im Wald den verwandelten Toten begegnen, so daß der Gang in den Wald auch als Suche nach den Ahnen verstanden werden kann.

Den Initianden wurden häufig die Augen verbunden, die rituelle ›Blendung‹ war eine zusätzliche Todeserfahrung. War der Initiationsvorgang beendet, hatten die jungen Leute die Proben bestanden, die Stammesgeschichte gelernt, das Brauchtum verinnerlicht, die Lieder und Tänze eingeübt, dann konnte ihnen ein neuer Name gegeben werden, sie waren nun vollgültige Mitglieder des Männerkreises, durften heiraten und im Kreis der Krieger sitzen.

Die Wanderung ins Totenreich muß als entscheidende Probe verstanden werden. Nur wer es gewagt hat, den vertrauten Lebensbereich zu verlassen und ins unheimliche Land der Toten einzudringen, kann wahrhaft auch das Leben bestehen und seinen Aufgaben gerecht werden.

VII.

Das Reich der Toten ist aber nicht einfach als die Region der Abgestorbenen zu verstehen, sondern auch als der Ursprungsort des Lebens, wo man seine Herkunft erfahren kann, wo die Kräfte der Erneuerung zu finden sind. Es ist auch der Ort, an dem sich ein Mittel gegen die Sterblichkeit finden läßt. Der Weg dorthin führt über einen Feuerfluß, der einen zu verbrennen droht, und durch Eiszonen, in denen man erfriert. Auf der Wiese der Traurigkeit wird man vom Gefühl der Vergeblichkeit überfallen, so daß man wieder umkehren will, ohne das Ziel erreicht zu haben. Es gehört schon die Kraft und die Willensstärke eines Helden dazu, den unendlich langen Weg weiterzugehen. Und manche Heldin muß eiserne Schuhe durchlaufen, eiserne Wanderstäbe verbrauchen und steinerne Brote abnagen, bis sie zum Ziel kommt.

Welche Reise nimmt Gilgamesch auf sich, um zu Utnapischtim zu gelangen, der als einziger Mensch Anteil am göttlichen Leben bekommen hat und deshalb einen Zugang zum Lebenskraut vermitteln muß! Als er auf seiner Reise zu Siduri Sabitu kommt, erhält er eine niederschmetternde Nachricht: »Gilgamesch, wohin läufst du? Das Leben, das du suchst, wirst du nicht finden. Als die Götter die Menschen schufen, bestimmten sie den Tod für die Menschen, das Leben behielten sie für sich selbst. Drum, Gilgamesch, iß und trink, fülle dir deinen Leib, Tag und Nacht freue dich nur ... Freue dich in den Armen des Weibes! Drum kehre zurück nach Uruk in deine Stadt ...«[8] Gilgamesch läßt sich aber auch durch diese Auskunft nicht abschrecken, sondern geht seinen Weg weiter.

Gerade der überwundene Widerstand wird in den Mythen und Märchen zum Zeichen der Erwählung, der Held oder die Heldin bekommt dadurch eine Immunität, wie Siegfried durch das Bad im Drachenblut unbesiegbar wird. Wer den Feuerfluß überquert hat, die scheinbar unüberschreitbare Grenze, ist geschützt gegenüber der Brennkraft des Feuers. Die Feuer- und Wasserprobe hat läuternde und reinigende Kraft, der Erprobte kommt verwandelt daraus hervor, er hat ein neues Verständnis vom Dasein vermittelt bekommen.

Wenn er nach Hause kommt, kann er einen neuen Kult stiften, einen neuen Tanz einführen, er bringt einen Schlüssel
zum Verständnis der Welt mit sich, lebt auf einer neuen Da-
seinsebene.

VIII.

Auch dem stärksten Helden und der ausdauerndsten Heldin
gelingt es aber nicht, die magische Schranke zum anderen
Bereich aus eigener Kraft zu überschreiten und wieder heil
zurückzugelangen, es muß den Helfer und Schenker geben,
der die nötigen Gaben bereitstellt und die entscheidenden
Winke geben kann. Helfer müssen Wesen sein, die selber aus
der anderen Welt kommen und Kenntnis ihrer Geheimnisse
haben. In vielen Märchen ist es der ›dankbare Tote‹, dem der
Märchenheld zu einem ehrenhaften Begräbnis verholfen hat
und der nun als Beistand und Helfer zum Begleiter wird, inkognito übrigens, erst am Schluß lüftet er seine Identität[9].
Manchmal sind es auch Tiere und unscheinbare Wesen, die
als Helfer auftreten, Gestalten der Tiefe (der Frosch aus dem
Brunnen, der Zwerg aus der Erdhöhle), die Kunde von den
geheimnisvollen Zusammenhängen geben. Es gehört zu den
ungeschriebenen Gesetzen des Märchens, daß der Held
hilfsbedürftig ist, aber auch der Helfer ist auf den Helden
angewiesen, im Zueinander und Füreinander können sie die
Tat vollbringen.
Die Hilfestellung kann auch von einem eigentlich Beteilig-
ten herkommen; ohne daß er es will, gibt er die nötigen Informationen, die den geheimnisvollen Fund erst möglich
machen, der Schatz wäre sonst nicht aufzufinden. Martin
Buber erzählt in seinen Erzählungen der Chassidim die Geschichte von Rabbi Eisik, Sohn Rabbi Jekels in Krakau,
nach. Dem war »im Traum befohlen worden, in der Stadt
Prag an der Brücke, die zum Königsschloß führt, nach einem Schatz zu suchen. Als der Traum zum drittenmal wie-
derkehrte, machte sich Rabbi Eisik auf und wanderte nach
Prag. Aber an der Brücke standen Tag und Nacht Wachtpo-
sten, und er getraute sich nicht zu graben. Doch kam er an
jedem Morgen zur Brücke und umkreiste sie bis zum

Abend. Endlich fragte ihn der Hauptmann der Wache, auf sein Treiben aufmerksam geworden, freundlich, ob er hier etwas suche oder auf jemanden warte. Rabbi Eisik erzählte, welcher Traum ihn aus fernem Land hergeführt habe. Der Hauptmann lachte: ›Und da bist du armer Kerl mit deinen zerfetzten Sohlen einem Traum zu Gefallen hergepilgert! Ja, wer den Träumen traut! Da hätte ich mich ja auch auf die Beine machen müssen, als es mir einmal im Traume befahl, nach Krakau zu wandern und in der Stube eines Juden, Eisik Sohn Jekels sollte er heißen, unterm Ofen nach einem Schatz zu graben. Eisik Sohn Jekels! Ich kann's mir vorstellen, wie ich drüben, wo die eine Hälfte der Juden Eisik und die andre Jekel heißt, alle Häuser aufreiße!‹ Und er lachte wieder. Rabbi Eisik verneigte sich, wanderte heim, grub den Schatz aus und baute das Bethaus, das Reb Eisik Reb Jekel Schul heißt.«[10]

Mit verhaltener Ironie wird hier erzählt, daß der Rabbi die weite Reise machen muß, um herauszufinden: Genau da, wo er wohnt (und wo er es nicht vermutet hat), ist der Schatz zu finden. Aber die Reise war nötig, denn nur in der Fremde konnte er die entscheidende Auskunft bekommen. Das Geheimnis, der kostbare Schatz, das heilstiftende Mittel, sie mußten zwar ›draußen‹ gesucht werden, in der Ferne, aber sie werden ›drinnen‹ gefunden, sie waren immer schon da; im eigenen Innern verborgen, warteten sie darauf, entdeckt und gehoben zu werden.

IX.

In den Märchen ist so häufig von der ›magischen Flucht‹ die Rede, daß sich die Frage aufdrängt, warum dieses Motiv ein solches Gewicht hat. Wer in den ›anderen Bereich‹ gelangt ist, der muß offensichtlich damit rechnen, daß er bei der Rückreise auf Stolpersteine stößt und ihm der Schritt zurück in die Alltagswelt verweigert wird. Wenn die Anderswelt der Bereich der Toten ist, dann wollen sie einen Menschen, der in ihren Bezirk eingetreten ist, nicht mehr herauslassen. Mit heiler Haut kommt nur heraus, wer sich auf die Verwandlungskunst versteht und sich selbst immer wieder in andere

Gestalten verzaubern kann. Dazu kommt, daß der Eindringling ja meist etwas gesucht und gefunden hat: die Springwurzel, das Lebenswasser, die verjüngenden Äpfel, das Lebensprinzip, den großen Schatz. Da braucht es uns nicht zu verwundern, wie eilig er wieder zu entkommen sucht und froh sein kann, wenn ihm von dem zuschlagenden Tor nur die Ferse abgehauen wird.

Die Flucht gelingt meist nur deshalb, weil durch magische Mittel Trennmauern und Staudämme gegen die Verfolger errichtet werden: aus einer Bürste wird ein Gebirge, aus einem Kamm ein Wald, aus einem Spiegel ein See; die Welt muß umgemodelt werden, Wälder und Flüsse lassen eine trennende Zone zwischen dem Hades und der Lebenswelt entstehen. Erst jetzt können sich die Menschen wieder auf ihren eigenen Bereich konzentrieren, ohne dauernd Angst zu haben, von der Totenwelt her bedroht zu werden.

Die Dinge im Grenzbereich zwischen ›Hüben‹ und ›Drüben‹ können auch als Helfer bei der Flucht gewonnen werden. Wenn man sich die Schöpfung gewogen gemacht hat, indem man auch die häßlichen Dinge lobt, die wenig schmackhaften Früchte ißt, die unscheinbaren Röschen der Dornenhecke als schöne Blumen preist, verlieren die widrigen Elemente ihren feindlichen Charakter, so kann die Flucht gelingen, weil sie sich nicht mehr gegen den Flüchtling richten[11].

X.

Wenn sich der Held auf den Weg macht, um in die Welt zu ziehen, dann geht es nicht nur um Abenteuer und Bewährung, auch nicht einzig um den Schatz, den es zu gewinnen gilt, die große Kostbarkeit. Er ist auch auf der Suche nach der Braut, nach der Gefährtin und Geliebten, die sein Leben erfüllen kann. Die Frau ist für den Mann das ›unbekannte Land‹, das er entdecken möchte; sie lockt ins Unerforschte, sie ist voller Versprechungen und Verheißungen. Aber sie wartet auch darauf, aus ihrem Schlafzustand oder ihrer Verzauberung geweckt und befreit zu werden. Einerseits ist sie Führerin in ein neues Land, andererseits erhofft sie sich hilfreiches Geleit durch den Mann. Sie kann den Mann, der zu ihr kommt, beseligen, weiß aber auch, daß sie auf den Mann angewiesen ist. Mann und Frau brauchen einander, sie haben füreinander erlöserische Aufgaben zu übernehmen.

In der Sprache des Mythos gesprochen: Die Frau ist die Erdgöttin mit ihrem Geheimniswissen für den Mann, der Mann übermittelt der Frau die Geistqualität, die sie erneuert und erweitert. Beide haben eine gleiche Größe und eine gleiche Würde: Gegenseitig öffnen sie sich die Augen und erschließen sich die Wirklichkeit.

In vielen Märchen wird erzählt, wie der Mann auf eine schlafende Frau stößt, deren Schönheit unbeschreiblich ist. Hier scheint das Begehren gestillt zu werden, die Fragen scheinen beantwortet, das Suchen zum Ziel gekommen. Das Verlangen nach Freude ist erfüllt, die Ahnungen und Träume werden wahr. Aber solche Geschichten gehen damit nicht zu Ende, denn die Frau hat ein Doppelantlitz, neben ihrem freundlichen hat sie einen bedrohlichen Aspekt, sie besteht aus einem spannungsreichen Gegensatzpaar. Es gehört Klugheit, Nüchternheit, Mut, Hellsicht und Liebesbereitschaft dazu, dem anderen Geschlecht gerecht zu werden und nicht nur dem äußeren Schein und dem verführerischen Sinnenreiz zu verfallen.

Aber es gibt auch die umgekehrte Erfahrung. Eine keltische Überlieferung berichtet, daß die Söhne des Königs Eochaid sich bei der Jagd verirrten und vor Durst fast verschmachteten. Der Älteste fand schließlich eine Quelle, aber sie wurde von einer abgrundhäßlichen Wächterin behütet. »Ihre Augen waren vom Rauch getrübt, die Nase war mächtig und stand ihr schief im Gesicht. Die krummen und schiefen Beine hingen an ihrem gefleckten und faltigen Bauch, ihre Füße glichen gewaltigen Schaufeln. Furgus traute sich kaum, das häßliche Wesen anzuschauen, aber er sprach sie doch an: ›Bist du es, die diese Quelle bewacht?‹ – ›Das ist wahr, ich tue es‹, war die Antwort. ›Erlaubst du mir, daß ich aus diesem Brunnen Wasser schöpfe?‹ – ›Ich erlaube es, aber nur dann, wenn ich von dir einen Kuß auf die Wange bekomme. – ›Nie und nimmer wirst du von mir einen Kuß bekommen.‹ – ›Nie und nimmer wirst du von mir Wasser bekommen.‹« –

Als aber der jüngste Bruder kommt, sagt er der Quellfrau: ›Wenn ich dir schon einen Kuß geben soll, dann will ich dich auch in die Arme nehmen.‹ – Dann beugte er sich über das häßliche Weib, umarmte sie und gab ihr einen herzhaften Kuß. Kaum aber hatte er das getan, da merkte er, daß er eine junge Frau in den Armen hielt, wie er sich keine schönere auf der ganzen Erde hätte ausdenken können. Ihr Leib war so schön wie frischgefallener Schnee, volle und königliche Arme hatte sie, ihre Bewegungen waren anmutig. Um ihre Schultern lag ein Mantel aus erlesenem Lammfell, die Kleider wurden von einer Brosche aus blitzendem Silber zusammengehalten.«[12]

So kann also der erste Eindruck sich wandeln, die Enttäuschung kann Freude oder Entsetzen auslösen. Mythen und Märchen machen deutlich, daß die Brautsuche ein abenteuerliches Unternehmen ist. Oft werden dem potentiellen Bräutigam unlösbare Aufgaben gestellt. Erst wenn er sie – mit Hilfe seines magischen Beistands – doch löst, wenn er alle Widerstände überwindet und die Proben besteht, ist er würdig, daß ihm die Zarentochter anvertraut wird.

XI.

Der Held verdient nur dann Sympathie und Unterstützung, wenn er nicht egozentrisch lebt und nicht machtbesessen auf sein Ziel zusteuert, sondern wenn er sich für andere einsetzen kann und die Not anderer auf sich nimmt. Wenn die Not übermächtig wird, dann ist seine Stunde gekommen. Der Drache – der Inbegriff der dunklen, fressenden und vereinnahmenden Macht – hat die Königstochter – die kommende Lebensgestalt, den Inbegriff der Verheißung – an sich gerissen und entführt. Die Menschheitsgeschichte kann nur weitergehen, wenn sie wieder aus dem Machtbereich des Todes gerettet und dem Leben wieder zugeführt wird. Nur wenn selbstlose Liebe das Handeln des Helden bestimmt, kann die Rettung gelingen. Er muß einen Dienst vollziehen, damit die verzauberte Stadt wieder erlöst wird, der in Stein verwandelte Bruder seine wahre Gestalt wiedergewinnt, die entführte Prinzessin wieder in ihre Heimat gelangt. Ist aber die

Tat vollbracht, dann wächst dem Helden Macht und Ehre zu, er wird die Prinzessin heiraten, er wird die Krone erben und die Herrschaft antreten. Aber das sind gewissermaßen nur die Konsequenzen seiner Tat.

Nicht nach rückwärts geht der Blick des Helden, er soll nicht die ›alte Herrschaft‹ retten oder wiederaufrichten, sondern eine neue begründen. Er ist der Repräsentant des Kommenden, soll eine gewandelte Zeit herauführen, deshalb wird von ihm erwartet, daß er die Zeichen der Zeit erkennt und gleichsam eine prophetische Gabe besitzt, um die Lösungsmöglichkeiten für die Zukunft wahrzunehmen. Die alten Könige werden im Märchen meist als herrschsüchtige und uneinsichtige Tyrannen dargestellt, die starrsinnig ihre Macht bewahren wollen. Der Held muß sie stürzen, damit die drängenden Aufgaben gelöst werden und neue Strukturen sich durchsetzen können.

Deshalb also mußte der Held den schweren Einweihungsweg gehen, mußte die harte Schulung der Erprobung durchlaufen, mußte Phasen der Einsamkeit, des Schweigens und der Entbehrung aushalten und sogar die Gestalt eines Knechtes annehmen, darin Sklavendienste verrichten oder als Gärtner oder Küchenjunge arbeiten, damit er nach diesen Proben als der Bewährte seine großen Aufgaben übernehmen kann.

Der ›Kampf‹ zwischen dem alten König und dem als Retter empfundenen Helden endet im Märchen häufig z. B. damit, daß es gilt, in einem Bottich mit heißer Stutenmilch zu baden. Weil dem Helden sein Helfer beisteht, wird aus diesem Bad bei ihm ein Akt der Verjüngung und Verwandlung: Er steigt in strahlender Schönheit wieder heraus, der König dagegen, dem kein magischer Helfer beisteht, wird jämmerlich verbrüht.

XII.

Die alten Geschichten haben viele Dimensionen und können immer wieder neu gehört und verstanden werden. Einmal bekomme ich etwas über den Weltzustand gesagt und die Erlösungsbedürftigkeit unseres Daseins. Dann erfahre ich etwas über Tod und Leben und die Ambivalenz aller Wirklichkeit. Vor allem wird mir etwas vom Wegcharakter der menschlichen Existenz verraten. Jeder Mensch, ob Mann oder Frau, muß aufbrechen und sich ins Unbekannte hineinwagen. Das mag zunächst nur Abenteuerlust sein, das Verlangen, sich von seiner bisherigen Umwelt abzulösen, dahinter steht die Sehnsucht nach der großen Chance und dem überraschenden Glück. Da aber jeder sich selbst nur sehr vorläufig und oberflächlich kennt, ist diese Suchbewegung immer auch ein Verlangen, sich selbst besser zu entdecken. Diese Selbsterforschung ist aber nicht nur eine beglückende Erfahrung, weil ich auch auf eine ›dunkle Seite‹ stoße, auf meinen Schatten, die unterdrückte Gegenfigur von mir, die erschreckende Kehrseite, die auch zu mir gehört, obwohl ich sie nicht akzeptieren will. In mir selbst kann auch der große Gegenspieler sitzen, der Lebensverneiner, der das weitere Wachstum blockiert und die nötigen Reifungsschritte unmöglich macht.

Wer aber unterwegs ist, kann auch dem Helfer begegnen, der geheime Winke gibt und den Zugang zu verborgenen Schichten des Daseins kennt. Auch die Begegnung mit dem Partner kann uns geschenkt werden, weil alles in uns darauf angelegt ist, den Menschen des anderen Geschlechts zu treffen, für den wir bestimmt sind und mit dem zusammen wir unser Glück machen können.

Alles weist aber noch über sich hinaus. Auch unsere Begegnungen sind nicht so, daß sie uns bis ins Letzte erfüllen, die Glückserfahrungen können nicht festgehalten werden. Das soll uns nicht zur Resignation treiben, sondern deutlich machen: Unsere Suchwanderung ist noch nicht zu Ende. Alles ist immer Vorspiel für etwas Kommendes, es kündigt sich immer noch ein Dahinterliegendes an. Auch so lassen sich die Märchen lesen. Da will einer zum großen Geist des Ostmeers wandern, wie es ein chinesisches Märchen erzählt, weil nur der die entscheidende Auskunft geben kann, von der alles abhängt. – Da will einer unbedingt die Sonne sprechen, weil nur sie das hilfreiche Deutewort hat, das seinem Leben Sinn gibt. – Da wird einer ins Land ›Ichweißnichtwohin‹ geschickt, um das ›Ichweißnichtwas‹ zu holen. Haben wir nicht ein Verlangen nach dem Unbegreiflichen und

Unbenennbaren? Etwas ganz anderes wird gesucht, was unsere konventionellen Maße übersteigt.

Anmerkungen

[1] »Zarewna Unke« in: *A. N. Afanasjew,* Russische Volksmärchen, München 1985, 626.

[2] Vgl. dazu »Der König vom goldenen Schloß«, KHM 92.

[3] *Karl Reinhardt,* Die Krise des Helden, München 1962, 107f.

[4] *Karl Jaspers,* Die maßgebenden Menschen. Sokrates, Buddha, Konfuzius, Jesus, München 1965, 11.

[5] Vgl. *Joseph Campbell,* Der Heros in tausend Gestalten, Frankfurt a.M. 1978, 330f 345f.

[6] Vgl. »Die Jungfrau Zar« in: Russische Volksmärchen, übertragen von August von Löwis of Menar, Düsseldorf 1959, 217.

[7] *Vladimir Propp,* Die historischen Wurzeln des Zaubermärchens, München 1987, 59–135.

[8] Gilgamesch, übertragen von Georg E. Burckhardt, Leipzig o. J.; vgl. auch »Das Gilgamesch-Epos« in der Nachdichtung von Hella Krause-Zimmer, Dürnau 1986.

[9] Vgl. *Max Lüthi,* Der dankbare Tote, in: So leben sie noch heute. Betrachtungen zum Volksmärchen, Göttingen 1969, 85–100.

[10] *Martin Buber,* Der Schatz, in: Die Erzählungen der Chassidim, Dritter Band der Werkausgabe, München 1963, 629.

[11] Vgl. z. B. »Der goldgrüne Adler« in: Griechische Volksmärchen, herausgegeben von Georgios Megas, Düsseldorf 1965, 196–204.

[12] Vgl. dazu *Joseph Campbell,* a.a.O. (s. Anm. 5).

Iwan und das Zauberpferd

In seinem Reiche lebte ein Zar. Er hatte drei Söhne. Und als er eines Tages merkte, daß seine Kräfte nachließen und eine Krankheit seine Glieder verzehrte, rief er seine beiden älteren Söhne zu sich und sagte zu ihnen: »Ich bin dem Tode nahe, und meine Augen erblinden schon. In einem fernen Land wächst ein Baum, an dem hängen die Äpfel der Jugendkraft, es gibt dort auch einen Brunnen, aus dem das Wasser des Lebens fließt. Wenn ihr mir die Äpfel und das Wasser bringt, kann ich am Leben bleiben.«

»Wir werden ausziehen und dir die Gaben holen, liebes Väterchen«, sagten die Söhne. Also sattelten sie ihre Pferde und ritten davon. Aber bald kamen sie zu einem mächtigen Strom, der war so breit, daß man das andere Ufer nicht sehen konnte. »Was sollen wir tun?« fragten die Brüder. »Wir müssen eine Brücke bauen.« Im Walde fällten sie Bäume und begannen, eine Brücke über den Strom zu bauen. Aber in der Nacht riß die Strömung das, was sie schon gebaut hatten, wieder mit sich fort, so daß sie am nächsten Morgen wieder von vorne beginnen mußten. So bauten sie lange Zeit und kamen doch nicht über den Strom.

Als seine beiden Brüder nicht zurückkehrten, ging auch Iwan, der jüngste Zarensohn, zu seinem Vater: »Laß mich ausziehen, damit ich dir die Äpfel der Jugendkraft und das Wasser des Lebens hole.« »Du bist noch ein dummer Junge«, sagte der Zar. »Willst du etwa erreichen, was deine beiden älteren Brüder nicht schaffen konnten?«

Weil aber Iwan nicht nachließ, seinen Vater zu bitten, gab er schließlich nach und ließ ihn ziehen. »Versuch dein Glück«, sagte er ihm, »aber weit wirst du nicht kommen.«

Iwan ging in die Pferdeställe und wollte sich das schönste Pferd aussuchen, aber keines schien ihm gut genug für seine Reise. Also ging er in die Stadt und zog im Land herum, ob er nicht doch ein starkes, feuriges Roß finden könnte, das ihn bis an die Grenzen der Erde tragen würde.

Als er schon niedergeschlagen und mutlos übers Feld ging, begegnete ihm eine alte Frau. »Liebe Alte, weißt du, was ich suche?« redete er sie an.

»Viel weiß ich, mein Söhnchen«, kicherte sie. »Ich weiß auch, wo sich das Zauberpferd versteckt hat.«

»Sag es mir«, bat Iwan die Alte. »Ich will dir auch immer dankbar sein.«

»Geh in diese Richtung drei Tage lang, ohne zu rasten, dann kommst du zu einem Kreuzweg. Dahinter liegt eine Wiese, auf der ein Eichbaum steht. Wenn du stark genug bist, ihn mit bloßen Händen auszureißen, wirst du das Zauberpferd gewinnen.«

So machte sich Iwan auf den Weg, und er ging, ohne zu ruhen und zu rasten, drei Tage, bis er zu dem Kreuzweg kam. Von weitem sah er schon den mächtigen Eichbaum mitten auf der Wiese, der so dick war, daß drei Männer ihn nicht umspannen konnten. Mit seiner Faust schlug er auf den Stamm, da zersplitterte er und stürzte in sich zusammen. Aus seinem Innern aber kam ein wilder Hengst gesprungen, der wieherte und bäumte sich auf, als ließe er sich überhaupt nicht zähmen. Iwan aber ergriff ihn beim Zügel, schwang sich auf seinen Rücken und gab ihm die Sporen. Da flogen sie über die Steppe, daß die Mähne im Sturmwind flatterte und der Schwanz den Staub aufwirbelte. Die Bauern schauten ihnen nach: Solches Roß und solchen Reiter hatten sie ihr Lebtag nicht gesehen.

Da kam er zu dem mächtigen Strom, der so breit war, daß man sein anderes Ufer nicht sehen konnte. Und er sah seine Brüder, die immer noch versuchten, eine Brücke über den Strom zu schlagen. Er winkte ihnen nur zu und trieb sein Pferd an: »Spring!« – da tat das Zauberpferd einen Sprung bis in die Wolken, so daß sie tatsächlich am anderen Ufer des Stromes ankamen. Ungläubig vor Staunen standen die Brüder da und bekamen den Mund nicht mehr zu.

Iwan ritt über Berg und Tal, daß die Mähne seines Pferdes im Sturmwind flatterte und der Schwanz den Staub aufwirbelte. Schließlich kam er bis zu dem fernen Land, das er suchte. Er ritt bis vor die Mauern der Zarenstadt und fragte den Torwächter: »Kannst du mir sagen, wo die Äpfel der Jugendkraft wachsen und wo das Wasser des Lebens fließt?«

»Sagen kann ich es dir schon, aber es wird dir wenig nützen. Im Garten der Prinzessin steht ein Apfelbaum, dort wachsen die Äpfel der Jugendkraft, und in den beiden Brunnen fließen die Wasser des Lebens und des Todes. Aber niemand kommt in den Garten hinein, weil die Mauern so hoch sind, daß sie bis in die Wolken ragen. Schön soll die Prinzessin sein, schöner als die Sonne am Himmel, aber kein Mann hat sie jemals anschauen dürfen.«

Bis zur Schloßmauer ritt Iwan, die so hoch war wie der Turm von Babylon. Da rief er seinem Pferd zu: »Spring!« und gab ihm die Sporen. Da schnaubte das Roß, bäumte sich auf und machte einen so riesigen Satz, daß Iwan beinahe aus dem Sattel gestürzt wäre. Aber er klammerte sich an der Mähne seines Zauberpferdes fest, und so gelangten sie beide in den Garten.

Es war dunkle Nacht und alle Dienerinnen der Prinzessin lagen in tiefem Schlaf. So konnte Iwan unbemerkt die Äpfel der Jugendkraft pflücken und in seiner Satteltasche verstekken. Dann schöpfte er aus den beiden Brunnen vom Wasser des Lebens und des Todes und barg die beiden Flaschen in seinem Gewand. Nun hätte er sich ja eigentlich auf den Heimweg machen können, aber als er das goldschimmernde Schloß ansah, da wollte er doch gar zu gern noch die Prinzessin anschauen, die noch kein Mann hatte betrachten dürfen, die so schön sein sollte, daß selbst die Sonne neidisch auf sie wird. Sein Pferd band er an den Apfelbaum und ging vorsichtig in das Schloß hinein. Er mußte über die schlafenden Jungfrauen hinwegsteigen, die vor den Türen Wache hielten, so kam er in das Gemach der Prinzessin. Sie lag auf ihrem Lager, und wirklich, sie war so schön, daß man es mit menschlichen Worten nicht sagen kann. Höchstens im Traum kann man solcher Schönheit begegnen. Ihre Haare waren wie von Seide, ihre Wangen wie die Blüten von Apfelbäumen, und ihre Gestalt war zart und biegsam wie eine schlanke Birke.

»Die oder keine wird meine Frau werden«, sagte Iwan zu sich selbst. »Aber zunächst muß ich die Äpfel der Jugendkraft und das Wasser des Lebens meinem Vater bringen, damit er nicht stirbt. Dann aber komme ich zurück und hole mir die Prinzessin zur Frau!« – Er beugte sich nieder und küßte sie auf den Mund. Dann lief er zu seinem Pferd zurück, stieg auf und setzte mit einem mächtigen Sprung wieder über die Mauer. Doch dabei gab es einen hellen

Klang: silberne Saiten waren über die Zinnen gespannt. Das Zauberpferd hatte sie mit seinen Hufen gestreift, nun klang es wie Glockengeläut durch die Nacht.

Als die Prinzessin aus ihrem Schlaf erwachte, da war ihr, als habe sie von einem fremden Jüngling geträumt, der sich über sie gebeugt und sie auf den Mund geküßt habe. Dann hörte sie den hellen Glockenton, sprang von ihrem Lager und klatschte in die Hände: »Was schlaft ihr, meine Jungfrauen, wo ihr doch wachen sollt! Ein Fremder ist hier eingedrungen. Wir wollen ihn jagen und fangen: Seine Kühnheit muß er mit dem Leben büßen!«

Da öffneten die Jungfrauen das geheime Tor des Schloßgartens, sprangen auf ihre weißen Pferde und jagten dem Eindringling nach. Und sie kamen Iwan, dem Zarensohn, immer näher, wie ein Pfeil flog die Prinzessin ihren Gefährtinnen voran.

Iwan erkannte, daß er ihnen nicht mehr entkommen konnte, so sprang er von seinem Pferd, ergriff einen riesigen Felsblock und schleuderte ihn mitten auf den Weg. »Wer den Stein wegheben kann«, rief er, »der soll mich verfolgen.« Wie ein Sturmbraus galoppierte er davon.

Aber die Jungfrauen vermochten ebensowenig den Stein von der Stelle zu rühren wie die Prinzessin, keinen Fingerbreit rührte sich der Felsklotz. So gaben sie die Verfolgung auf und kehrten in ihr Schloß zurück.

So schnell sein Pferd vermochte, ritt Iwan in seine Heimat zurück, sie flogen über die Steppe, daß die Mähne im Sturmwind flatterte und der Schwanz den Staub aufwirbelte. In einem Riesensatz sprangen sie über den mächtigen Strom und kamen zu den älteren Brüdern, die immer noch versuchten, eine Brücke zu bauen. Als sie hörten, daß Iwan sein Ziel erreicht und die ersehnten Gaben gefunden hatte, wurden sie gelb vor Neid und Ärger.

»Soll er den Ruhm davontragen, ausgerechnet der Jüngste?« so flüsterten sie einander zu. »Das beste ist, wir erschlagen ihn und bringen selbst dem Vater die Äpfel der Jugendkraft.«

Iwan war so erschöpft von seinem weiten Ritt, daß er sich im Schatten eines Weidenbaumes niederlegte und in einen tiefen Schlaf sank. Da kamen seine Brüder, erschlugen ihn

und warfen seinen Leichnam in den Strom. In der Satteltasche fanden sie die Äpfel der Jugendkraft, das Wasser des
Lebens dagegen fanden sie nicht. Als sie sich auf den
schwarzen Hengst schwingen wollten, schlug er mit seinen
Hufen nach ihnen, setzte mit einem gewaltigen Sprung über
den Strom und war im Nu verschwunden.

Nun machten sich die älteren Brüder auf den Heimweg und
wurden im Zarenschloß mit Jubel empfangen. Dankbar
empfing der Vater die Äpfel der Jugendkraft. Als er aber
nach seinem Jüngsten fragte, da taten sie, als wären sie ganz
erstaunt: »Ist er nicht zu Hause geblieben? Wir haben ihn
hier erwartet.« Bei sich aber sprachen sie: »Den Leichnam
wird niemand finden. Der Strom hat ihn längst zum Meer
getragen.«

Was war aber inzwischen mit der Prinzessin geschehen? Ein
dreiköpfiger Drache hatte das Land überfallen und drangsa-
lierte seine Bewohner. Jeden Tag mußte man ihm eine Jungfrau ausliefern, und wenn man sie ihm weigerte, drohte er,
das ganze Land zu verheeren. Jeden Abend bestimmte das
Los, welche Jungfrau am nächsten Morgen in die Höhle des
Drachen geschickt werden sollte, keine war bisher zurückgekehrt. Eines Abends aber fiel das Los auf die schöne Prinzessin, da brach im ganzen Land ein Jammern und Weinen
an.

Voller Trauer ging sie am Morgen zur Drachenhöhle, die am
Meer gelegen war, dort, wo der mächtige Strom sich ins
Meer ergießt. Da sah sie einen Toten am Ufer liegen, die
Strömung hatte ihn dort angespült. Als sie sein schönes,
bleiches Gesicht betrachtete, dachte sie bei sich: »Wo habe
ich ihn schon einmal gesehen? Mir ist so, als wäre er mir
schon im Traum erschienen.« Sie beugte sich über ihn, um
zu hören, ob sein Herz noch schlüge. Da fand sie unter seinem Lederwams die beiden kleinen Flaschen mit dem Wasser des Todes und des Lebens. Als sie ihn mit dem einen
Wasser bestrich, schlug er seine Augen auf, nachdem sie ihn
mit dem anderen Wasser besprengte, richtete er sich ver-
wundert auf und sagte: »Ich muß lange geschlafen haben.«
Da erblickte er die Prinzessin, und sein Herz wurde von Liebe zu ihr ergriffen. »Komm mit zu meinem Vater, dem Zaren.
Du und keine andere sollst meine Frau werden. In welcher

Einsamkeit sind wir denn hier? Und warum machst du so ein trauriges Gesicht?« – Da begann sie zu weinen und sagte ihm: »Flieh schnell von hier weg. Gleich muß der Drache mit den drei Köpfen kommen. Ich muß mich ihm zum Opfer bringen, sonst richtet er mein ganzes Land zugrunde.«

»Wo ist der Drache mit den drei Köpfen?« rief da der Prinz. »Wenn doch mein liebes Pferd hier wäre, dann würde ich mit ihm kämpfen.« Wie von einer Zauberstimme gerufen, stand da sein schwarzer Hengst vor ihm. Furchtlos ritt Iwan in die Höhle des Drachen hinein. Hart und lange mußte er kämpfen, denn immer, wenn er sich dem einen feuerspeienden Drachenkopf zuwendete, suchte ein anderer ihn mit aufgerissenem Maul von der Seite zu packen. Schließlich gelang es ihm doch, alle drei Köpfe des Ungeheuers abzuschlagen. Er warf sie in eine Grube und wälzte einen schweren Stein darüber.

Zitternd wartete die Prinzessin am Ufer, ob er lebend wieder zurückkehren würde. Wie groß war ihre Freude, als er müde und erschöpft aus der Höhle trat. Sorgsam pflegte sie ihn und behandelte seine Wunden. Dann legte er sich in den Schatten eines Baumes und war nach wenigen Augenblicken eingeschlafen.

Nach einigen Stunden, Iwan schlief immer noch wie ein Murmeltier, näherte sich ein prächtiges Schiff der Stelle, wo sie sich aufhielten. Es waren Iwans Brüder, die vom alten Vater ausgesandt waren, nun auch noch das Wasser des Lebens zu finden. Sie kamen ans Ufer, staunten über die Schönheit der Prinzessin und ließen sich erzählen, was vorgefallen war. Als sie hörten, daß ihr Bruder Iwan noch am Leben war, erschraken sie bis ins Innerste. »Wir müssen ihn töten«, flüsterte der eine dem anderen zu, »damit er dem Vater nichts verraten kann.« So erschlugen sie den eigenen Bruder im Schlaf und warfen ihn ins Meer. Die Prinzessin zwangen sie, über alles zu schweigen, wenn sie selbst am Leben bleiben wolle. Sie solle die beiden Brüder als Sieger über den Drachen ausgeben und außerdem müsse sie einen von ihnen heiraten.

Was blieb der armen Prinzessin übrig, als sich scheinbar zu fügen. Aber heimlich sandte sie ihre Jungfrauen aus, den Leichnam Iwans zu suchen. »Wenn ihr ihn gefunden habt, bringt ihn in mein Gemach!«

Lange suchten die Gefährtinnen der Prinzessin am Ufer des Meeres, bis sie schließlich den Leichnam fanden, den die Wellen ans Land gespült hatten. Als sie ihn in das Gemach der Prinzessin gebracht hatten, besprengte sie ihn mit dem Wasser des Lebens und des Todes. Da richtete er sich auf, öffnete seine Augen und sagte: »Ich muß lange geschlafen haben.« Die Prinzessin umarmte und küßte ihn auf den Mund, denn nun wußte sie: dies war der Jüngling, den sie schon einmal im Traum gesehen hatte.

Am Tag danach wollte der älteste Zarensohn mit der schönen Prinzessin Hochzeit feiern. Die Einwohner des Landes freuten sich, glaubten sie doch, er sei der Retter ihrer Heimat, der Sieger über den Drachen. Die Prinzessin aber gab Iwan einen Rock, wie ihn die Spielleute tragen, und sagte zu ihm: »Misch dich unter die Musikanten, die zum Fest aufspielen. Was dann geschieht, wirst du schon sehen.« Nun saßen die Gäste beim Hochzeitsmahl zusammen, und der falsche Bräutigam trank seiner Braut zu. Sie forderte ihn auf, auch den Musikanten ein Gläschen Wein zu gönnen, sie hätten es verdient. So kamen also die Musikanten, und jeder erhielt sein Glas Wein. Als letzter erschien Iwan. Sein Bruder erkannte ihn sofort, und sein Herz blieb fast stillstehen vor Schreck. Die Prinzessin aber rief laut durch den ganzen Saal: »Schaut alle diesen Spielmann. Er ist es, der den Drachen erschlagen, er ist es, der mich und uns alle gerettet hat.« Die beiden älteren Brüder erhoben ein großes Geschrei: »Wer ist dieser hergelaufene Spielmann, der es wagt, sich mit unseren Taten zu brüsten?« Da trat Iwan in die Mitte und sagte: »Wenn ihr den Drachen getötet habt, dann zeigt uns doch, wo die drei abgeschlagenen Köpfe geblieben sind.« Die beiden Brüder wurden unsicher und redeten sich heraus, sie hätten die Köpfe irgendwo im Sande verscharrt. Die Prinzessin entschied: »Wer die drei Drachenköpfe herbeibringt, der zeigt damit, daß er mein Retter war. Er soll meine Hand bekommen und das Königreich.« Da machten sich die älteren Brüder ärgerlich auf die Suche, aber so sehr sie auch den Ufersand durchwühlten, nirgendwo fanden sie eine Spur der Drachenköpfe. Iwan jedoch trat zu dem mächtigen Stein, wälzte ihn auf die Seite, nun konnten alle die Köpfe in der Grube sehen, alle drei lagen sie da.

Nun waren die beiden Brüder als Lügner und Betrüger überführt, und weil die Menschen gegen sie vorgehen wollten, nahmen sie reißaus und versuchten ihr Heil in der Flucht. Aber das Zauberpferd jagte ihnen nach und trat sie unter seine Hufe.

Iwan aber feierte Hochzeit mit der Prinzessin, eine ganze Woche lang. Und sie fuhren zum alten Vater Zar, um ihm vom Wasser des Lebens und des Todes zu bringen. Lange lebten sie und glücklich dazu. Nur das Zauberpferd, das wurde nie mehr gesehen, aber in der Erinnerung, da taucht es schon noch manchmal auf.

Russisches Märchen

Hinweise

Die Märchenzitate sind den Kinder- und Hausmärchen (KHM) der Gebrüder Grimm entnommen.

Die hier abgedruckten Märchen werden in eigenen Erzählfassungen dargeboten. Folgende Quellenangaben sollen helfen, die Ursprungsfassungen aufzusuchen.

1. *Der Baum der Wundergaben.* Josef Haltrich, Deutsche Volksmärchen aus dem Sachsenlande in Siebenbürgen, 1856. Dort heißt das Märchen »Der Wunderbaum«.

2. *Die fehlende Nachtigall.* August Leskien, Balkanmärchen, 1919: »Die Nachtigall Gisar«.

3. *Die Reise zur Sonne.* Italo Calvino, Italienische Märchen, 1975: »In die weite Welt verschlagen«.

4. *Der Umweg zum Glück.* Erstveröffentlichung: Otto Betz, In geheimnisvoller Ordnung. Urformen und Symbole des Lebens, Köselverlag, München 1992.

5. *Die wunderbare Flöte.* Leo Frobenius/Hildegard Klein, Märchen der Kabylen, 1967: »Die Zauberflöte«.

6. *Der Korb, der nicht aufgedeckt werden durfte.* Laurens van der Post, The creative pattern in primitive Afrika, in: Eranos Jahrbuch 1956. – es ist ein südafrikanisches Märchen.

7. *Eine Feder vom Lichtfalken.* A. N. Afanasjew, Russische Volksmärchen, 1985: »Die Feder von Finist, dem lichten Falken«.

8. *Iwan und das Zauberpferd.* Vgl. dazu: Löwis of Menar, Russische Volksmärchen, 1959. »Die Jungfrau Zar«. Waltraut Nocolas, Russische Märchen: »Das Zauberpferd«.